NOTKER WOLF

HIER BIN ICH
MENSCH,
HIER DARF ICH
SEIN

*Was Heimat
wirklich ausmacht*

Mit Bildern von
Hans-Günther Kaufmann

INHALT

In Indien

VORWORT

Wenn in diesen Tagen über den Begriff Heimat diskutiert wird, dann schlagen schnell die Wogen hoch. In jedem klingt etwas anderes an, wenn er über das Wort nachdenkt. Dem einen wird es warm ums Herz, weil er an seine Heimatstadt denkt oder an die Berge und das Meer der Region, in der er aufgewachsen ist. Manchmal ist dieses Nachdenken auch mit etwas Wehmut verbunden, weil wir längst woanders wohnen.

Andere können mit dem Wort Heimat überhaupt nicht viel anfangen. Für sie ist ihr jetziges Zuhause einfach der Ort, an dem sie sich wohlfühlen. Heimat hat für sie den Beigeschmack von Kitsch, klingt nach Volksmusik und vorgestern.

Manche haben sich bewusst abgewendet und mit der eigenen Vergangenheit gebrochen. Ja, Heimat ist nicht bei jedem positiv besetzt. In der jüngsten Geschichte wurde der Begriff missbraucht, um Menschen ideologisch zu verführen und Hass auf andere zu schüren. Das sogenannte Dritte Reich hat in dieser Hinsicht eine tiefe Wunde gerissen. Als der AfD-Fraktionsvorsitzende Alexander Gauland kürzlich sagte, dass Hitler und die Nazis »nur ein Vogelschiss« in der deutschen Geschichte seien, gingen zu Recht viele auf die Barrikaden. Die nationalsozialistische Schreckensherrschaft und den Tod von Millionen von Menschen derart zu verharmlosen – das macht mich wütend und traurig.

Eines steht fest: Wir müssen uns unserer Vergangenheit stellen, und wir bauen auf dem auf, was uns unsere Väter und Mütter hinterlassen haben. Natürlich ist nicht jeder persönlich schuld an unserer gemeinsamen Geschichte. Das geht zu weit. Aber auch derjenige, der im Jahr 2000 geboren ist, sollte um die Geschehnisse wissen und Verantwortung übernehmen, dass sich Derartiges bei uns nicht wiederholt.

Manche fordern seit einiger Zeit vehement, dass wir »das christliche Abendland« verteidigen und uns abschotten müssen. Andere sehen die Notwendigkeit, dass wir um der Menschlichkeit willen unsere Türen nicht verschließen dürfen. Aber wie viele Geflüchtete können wir aufnehmen?

Während ich diese Zeilen schreibe, tobt gerade wieder einmal die Debatte zwischen den unterschiedlichen Lagern. Angela Merkel hält an ihrer bisherigen Politik fest, und an vielen Orten in Deutschland demonstrieren Menschen für eine Kultur der Offenheit. Horst Seehofer fordert hingegen als Innen- und Heimatminister, die Grenzen jetzt sofort weitgehend dichtzumachen. Und der italienische Premierminister verkündet nahezu zeitgleich, dass man ab sofort alle Schiffe mit Geflüchteten an der Küste seines Landes zurückweisen und weiterschicken wird. Aber wohin sollen die Menschen gehen, die ihre Heimat hinter sich gelassen haben, um ihr Leben zu retten – oder um ihren Kindern eine Zukunftsperspektive zu geben?

Ich weiß aus eigener Erfahrung, wie es sich anfühlt, fremd und auf die Hilfe anderer angewiesen zu sein.

Auch deshalb habe ich einen anderen Blick auf die Menschen, die als Flüchtlinge zu uns kommen. Und für mich steht fest: Wir können uns in Deutschland nicht abschotten. Wir sind längst ein Land der vielen Kulturen und müssen miteinander Wege suchen, wie wir ein friedliches Zusammenleben und eine gemeinsame Zukunft gestalten können. Aber ich bin auch nicht für einen »Kuschelkurs« zu haben und sehe klare Grenzen, damit ein Miteinander gelingen kann.

Durch die Flüchtlingssituation sind wir herausgefordert, darüber nachzudenken: Wer sind wir eigentlich? Wir müssen unsere eigenen Werte reflektieren.

Auch durch den Mobilitätswahnsinn – dass man von berufstätigen Menschen eine bis vor wenigen Jahren nicht gekannte Flexibilität mit Blick auf immer wieder wechselnde Arbeitsorte erwartet – entsteht bei manchen eine tiefe Verunsicherung. Wo gehöre ich eigentlich hin, wo ist mein Platz?

Wo und warum fühle ich mich geborgen? Was macht mein Leben in seinem Kern aus? Was sind die Grundpfeiler unserer Demokratie, unseres Glaubens, unserer Kirchen? Und wie kann mit Blick auf die aktuellen Herausforderungen ein gutes Leben gelingen?

Was bedeutet Heimat für uns? Dieser Frage gehe ich in diesem Buch nach. Ist es nur ein Ort, oder ist es eine Region? Fühlen wir uns dort heimisch, wo wir eine gemeinsame Sprache sprechen? Welche Rolle spielen unsere kindlichen Prägungen, unsere Kultur? Ich kann auch im eigenen Land fremd sein – oder in mir selbst.

Es lohnt sich dabei, über deutsche Tugenden und Werte nachzudenken. Denn wir brauchen Wurzeln, um in einer immer komplexer werdenden Welt einen Halt zu finden. Der Heimatbegriff ist dabei vielschichtig, das merkt man schnell, wenn man sich damit beschäftigt. Und es gibt keine einfachen Antworten.

Einiges sehe ich kritisch in unserer Gesellschaft: wie wir Beziehungen pflegen, wie wir mit unseren Mitmenschen umgehen – und auch wie manche ihre Kinder erziehen. Aber ich habe auch Hoffnung für diese Welt, weil ich weiß, wo ich hingehöre und dass es den einen gibt, der alles in seinen Händen trägt, auch wenn wir ihn nicht sehen können.

Nach vielen Jahren in der Fremde bin ich vor einer Weile wieder nach Hause gekommen: nach St. Ottilien, wo meine Reise in die Welt einst begonnen hat. Und ich kann heute sagen: Heimat – das sind für mich vor allem die Menschen, mit denen ich sie teile.

Hier bin ich Mensch, hier darf ich sein.

In diesem Sinne wünsche ich Ihnen, dass auch Sie für sich ganz persönlich Heimat finden.

Abt Notker Wolf

DIE FREMDE

Die Fremde verunsichert. Ich habe dies unter anderem in Japan erlebt, als ich auf einer Reise nach Südamerika südlich von Tokio festsaß. Seit einigen Tagen war ich unterwegs, um Klöster in Asien zu besuchen. Anschließend sollte es für mich weiter nach Kolumbien gehen, ins Kloster El Rosal. Auch dort standen Gespräche an.

Ich hatte die Reise, wie meistens, wenn ich allein unterwegs bin, nicht bis in alle Einzelheiten geplant. Denn die Erfahrung lehrt, dass dies in bestimmten Regionen schlicht keinen Sinn macht. Manchmal wird man tagelang irgendwo aufgehalten, weil das Wetter es nicht zulässt, weiterzureisen. Hinzu kommen die Probleme, die man als katholischer Geistlicher in einigen Ländern mit den Behörden bekommt, weil das Christentum dort unerwünscht ist.

Ziemlich abgekämpft und müde stand ich jetzt mit meinem Koffer am Gate. Wie ich weiterkommen sollte, war völlig offen. Zunächst brauchte ich ein Visum für die USA, weil ich über Los Angeles fliegen wollte. Ob ich dies noch heute, an einem Freitagnachmittag, bekommen würde, stand in den Sternen. Bis in die Stadt und auf die Pass-Behörde war es jedenfalls ein sehr langer Weg.

Mit meinem Gepäck lief ich auf dem Flughafen hin und her, auf der Suche nach einer Telefonzelle, um von dort aus meine japanischen Mitbrüder anzurufen. Dummerweise hatte ich vergessen, mir deren Telefonnummer zu notieren – auch weil im Vorfeld noch gar nicht klar war, dass mich mein Weg hierherführen würde. Ich hatte mehrmals umplanen müssen.

Als ich endlich eine Telefonzelle gefunden hatte, schlug ich das Telefonbuch auf – und konnte rein gar nichts lesen. Mich empfing auf den Seiten ein Meer voller fremdartiger Zeichen …

Das war es dann. Ernüchtert stellte ich fest: Jetzt steckte ich wirklich in einer Sackgasse. Zu meinen Mitbrüdern konnte ich jedenfalls nicht fahren, weil ich keine Ahnung hatte, wie ich sie erreichen und wie ich sie jemals finden sollte.

So etwas ist mir im Laufe der Jahre immer wieder passiert. Letztlich ist es auch dieses Mal gut ausgegangen. Für die Nacht hat sich doch noch ein Quartier gefunden, und am nächsten Tag konnte ich auch ohne ein gültiges Visum über Vancouver nach Mexiko weiterreisen. Zwei Tage später war ich glücklich in Bogotá.

Irgendwo zu stranden und nicht mehr weiterzukommen verunsichert einen total. Und auch all die anderen Fragen, die sich einem unterwegs stellen: Soll ich die Schuhe ausziehen, wenn ich den Raum betrete, oder nicht? Wie begrüßt man einander richtig, ohne unhöflich zu wirken? Und wie isst man das, was einem angeboten wird? Mehr noch: Kann ich das überhaupt essen? Seegurken, Kutteln, undefinierbare Innereien und anderes, scheußliches Zeugs, das es unterwegs zu essen gab.

Es gibt viele Menschen, die fahren in ein anderes Land in Urlaub und wollen dort gerade nichts Neues erleben, sondern möglichst die gleichen Bedingungen vorfinden wie zu Hause.

In den 60er-Jahren, als die Deutschen in Scharen nach Italien gefahren sind, als sie Rimini, Riccione und andere Orte unsicher gemacht haben, da wollten fast alle unbedingt nur Hühnchen, grünen Salat und Kartoffelsalat haben – oder Fritten. Und das musste geliefert werden, damit sie sich dort wohlgefühlt haben. Später fand man es hierzulande interessant, sich auf andere Kulturen einzulassen, und die chinesische, koreanische oder kroatische Küche hat seit Jahren auch bei uns zu Hause Einzug gehalten. Anderes bleibt uns fremd, das wollen wir lieber nicht anrühren und auch auf keinen Fall probieren. Und manch einer besteht auch weiterhin darauf, am griechischen Badestrand eine deutsche Bratwurst zu essen.

Ich bin manches gewohnt. Aber doch jedes Mal gespannt, was es wohl zu essen gibt. Nicht immer ist es reizvoll, wenn man ein Lokal betritt und sich als Erstes eine Schlange aus dem Terrarium aussuchen soll. Die Auswahl habe ich dann meinen Begleitern und Freunden überlassen, denn ich weiß ja nicht, was gut ist. Und es ist schon eine Zumutung, wenn die in Stücke gehackte Schlange auf dem Tischgrill liegt und alles, was man davon auf den Teller gelegt bekommt, nur an einer Ecke etwas aufgeschlitzt ist. Dann hält man die Haut fest und zerrt mit den Zähnen das Fleisch herunter.

Das Schlimmste war bislang für mich das Nackenstück einer Schildkröte. Die sah schon so blau aus … Schlimm! Oder die Konsistenz der Seegurken … Puhh. Bei den Schlangen haben wir uns als Deutsche gegenseitig ermuntert und gesagt: »Das sind Landaale. Und Aale mögen wir ja gerne.« Hunde zu essen, die dort als Delikatesse gehandelt wurden, war für mich auch ganz schlimm.

Als wir in China endlich mit unserem Gesprächspartner einen Vertrag verhandelt hatten, sagte dieser: »So, jetzt gibt es zur Feier des Tages Hund. Wir haben für Sie extra diesen gelben Hund, der da vorhin die ganze Zeit im Hof herumgelaufen ist, schlachten lassen.« Da musste ich herzlich lachen, auch wenn es mich bei dem Gedanken an den Hund gegruselt hat.

Meist habe ich in solchen Momenten zuerst einen Schluck Schnaps in den Mund genommen, dann einen Bissen vom Essen und ein Bier hintendrein, damit das alles verkraftbar war. Der Froschlaich ging ja noch – aber der Froschhoden … Was es genau war, das haben sie uns auch erst hinterher gesagt.

Wie man die Fremde erlebt, beschreibt auch der Philosoph Poseidonius in einem Text aus dem 1. Jahrhundert vor Christus. Viele Jahre war er unterwegs, unter anderem in Spanien, Italien und Frankreich. Seine Berichte zu lesen ist spannend. Seine Erkenntnis lautet, frei übertragen, so: »Mein Gott, was sind das für Barbaren. Während wir da mit goldenen und silbernen Messerchen und Gabeln alles verteilen, gehen die her, hocken um ein ganzes Stück Vieh herum, reißen sich Haxen herunter und beißen da rein. So ein kulturloses Volk!« Man meint, man liest einen Bericht aus dem 19. Jahrhundert über Afrika und »die Wilden«. Und dabei geht es um Europa!

Die Fremde stellt uns infrage, gerade auch durch die anderen Sitten und einen anderen Glauben.

Jahrelang musste ich mich in der Fremde zurechtfinden. Um es mir leichter zu machen, habe ich stets ein Stück Heimat auf meine Reisen mitgenommen. Selbst wenn mein Gepäck nicht groß war: Meine Querflöte war fast immer mit dabei. Früher hatte ich manchmal auch die

E-Gitarre im Gepäck, ich trug sie auf dem Rücken. Das wurde dann leider im Laufe der Zeit immer komplizierter. Da ich heute meist nur noch mit doppeltem Handgepäck fliege, kann ich dies so nicht mehr machen. Eine Gitarre wäre schlicht des Guten zu viel. Aber meine Flöte, mein benediktinisches Brevier, ein wenig löslichen Kaffee, meinen Tauchsieder und die Zwischenstecker, damit ich diesen auch in Betrieb nehmen kann, die habe ich dabei. Und dann nehme ich vor allem noch eines aus der Heimat mit: meine Neugier auf Neues.

Vielen geht es so, dass sie etwas Vertrautes mit dabeihaben möchten, wenn sie weit entfernt von zu Hause sind. Und sei es nur ein Foto der Menschen, die man liebt.

Natürlich nimmt man sich auch immer selbst mit, wenn man unterwegs ist. Seine Eigenarten, seine Gewohnheiten und seine Ansichten, wie das eine oder andere »richtig wäre«. Oder der Gedanke, wie es »die anderen« auf jeden Fall machen sollten, damit es besser funktioniert. Warum stellen die sich nicht in eine Schlange wie bei uns zu Hause? Warum reden die hier so lange an der Kasse miteinander, anstatt mich zu bedienen? Weshalb sieht das alles so seltsam aus? So unordentlich, so wenig gepflegt? Wir merken meist schnell, dass wir unsere eigenen Maßstäbe hier nicht anlegen können. Es passt einfach nicht in die Landschaft, zu den Menschen und deren Kultur.

Und was spricht dagegen, dass die Verkäuferin mit ihrer Kundin bespricht, was gerade alles in der Nachbarschaft wichtig ist? Mancherorts ist es die einzig effektive Möglichkeit, Nachrichten schnell zu verbreiten …

Oder dass sich der italienische Gärtner in der brütenden Mittagshitze zwei Stunden unter den Olivenbaum legt, weil derzeit ohnehin nicht ans Arbeiten zu denken ist. Wir kennen das anders. 30 Minuten Mittagspause müssen reichen. Und Zeit ist Geld!

Es ist schwer, über seinen eigenen Schatten zu springen. Und ich merke doch: Es scheint anders zu gehen. Gelassener, ruhiger, freundlicher. Weniger gestresst, weniger ordentlich. Diejenigen, die die fernöstliche Art lieben, sagen: Nur so geht es, mit dieser Art von Gelassenheit und mit deren Weg der Meditation.

HEIMKEHR

L ange war ich fort. Mehr als 16 Jahre. Und ich erinnere mich gut an den Tag, als ich zurückkam. Ein Teil
meiner Habseligkeiten passte in den Kofferraum und auf
die Rückbank meines Wagens, als mein Begleiter und ich
von Rom aus durch die Alpen gefahren sind. Der Groß-
teil war schon von einem VW-Bus nach St. Ottilien
transportiert worden, im Wesentlichen meine Bücher-
sammlung, die viele Kisten füllte. Am Ammersee vorbei
kurvten wir durch die vertraute Landschaft und bogen
wenig später in die Einfahrt des Klosters. Der Platz mit
dem Brunnen. Die Klosterkirche. Die Pforte. Ich war
angekommen.

»Wir sind nur Gast auf Erden und wandern ohne
Ruh«, singen wir in einem Kirchenlied. Für einen Bene-
diktinermönch endet diese Wanderschaft in der Regel
immer dort, wo sie begonnen hat: in seinem Heimatkloster.

Von meinem alten Zimmer hatte ich früher auf die Berge
geblickt, das war schön. Aber als ich nun zurückkam,
habe ich ein neues Zimmer bekommen, weil das alte zu
klein gewesen wäre. Überdies hatte es inzwischen eine
andere Verwendung gefunden. Es wurde schon vor einiger Zeit in die Krankenstation des Klosters integriert, um

diese zu erweitern. Denn wir haben inzwischen viele Ältere in unseren Reihen, die gepflegt werden müssen.

Von meinem neuen Zimmer aus blicke ich jetzt auf einen Weiher. Das ist auch nicht schlecht. Man kann viel entdecken, wenn man sich Zeit nimmt. So schaue ich den jungen Enten zu, wie sie gerade flügge werden, oder wenn die Schüler dort Floß fahren oder Schlittschuh laufen.

Für Menschen wie Caspar David Friedrich oder für Johann Wolfgang von Goethe wäre der Anblick des Weihers vor der Kulisse des Klosters jedenfalls ein Genuss – ein wunderbar romantisches Vergnügen.

Leider war der Aufzug im Konventgebäude gerade defekt, als ich nach St. Ottilien zurückkam. Monatelang musste ich einige Hundert Stufen zu meinem Zimmer emporsteigen. Man hat mir natürlich beim Schleppen geholfen, als es galt, meine Habseligkeiten nach oben zu schaffen. Aber ich habe die meisten meiner gut 30 Kisten, die ich mitgebracht habe, eine ganze Weile lang nicht ausgepackt. Drei Kisten stehen bis heute ungeöffnet. Den Inhalt brauche ich, glaube ich, auch nicht mehr. Viele Bücher habe ich in die Bibliothek gebracht. Als Mönch ist mein privater »Besitz« überschaubar. Eigentlich brauche ich nichts Besonderes. Was mir wichtig ist: mein Schreibtisch, meine Gebetbücher, mein Laptop. Und natürlich die Sprachen und die Theologie. Gerade lese ich von Dietrich Bonhoeffer die »Christologie« – und dies noch einmal mit völlig anderen Augen, als ich es als junger Mann getan habe.

Ich bin wieder ein einfacher Mönch, der zwar den Titel »Abt« trägt, aber im Kloster keine Führungsaufgabe mehr hat. Und ich mache alles selbst, organisiere meine Reisen und Vorträge.

Das Kloster St. Ottilien ist meine Heimat und meine große Familie. Die Mitbrüder haben mich voller Freude wieder in ihrer Mitte aufgenommen. Allerdings fehlen viele Menschen, die mir wichtig waren und die mir am Herzen lagen. Ich sehe die Löcher, die gerissen wurden, stehe an ihren Gräbern.

Ich bin so nicht mehr in die Heimat zurückgekehrt, die das Kloster einmal für mich war. Es ist ein Stück weit nicht mehr das St. Ottilien, das ich kannte.

Ich bin hierhergekommen und habe mich eine Weile lang fremder gefühlt als im Ausland. Das liegt daran, dass ich etwa nur noch die Hälfte derer hier vorgefunden habe, die ich 16 Jahre zuvor verlassen hatte. Menschen, die mir vertraut und wichtig waren. Aber es ist auch schön zu sehen, dass sich die Gemeinschaft verändert hat, dass neue Mitbrüder hinzugekommen sind. Es gibt jetzt eine junge Generation tüchtiger Benediktiner, die das Klosterleben miteinander gestalten.

Auf dem Klostergelände gibt es Herzensstücke, die mir in besonderer Weise etwas bedeuten. Ich denke an die Klosterkirche, die ich damals habe renovieren lassen, den Brunnen, der auf meine Initiative zurückgeht, und manches mehr. Wir haben die Kirche bei der damaligen Renovierung auf den ursprünglichen Plan zurückgeführt, nach dem Vorbild einer belgischen, frühgotischen Zisterzienserkirche. Und die ist einfach in sich so wunderbar stimmig.

Ich hatte nie den Ehrgeiz, alles neu zu machen. Und auch nie so richtig Lust am Bauen. Es war mir meistens egal, auf welche Weise die anstehenden Probleme und Themen letztlich gelöst wurden. Hauptsache, es funktionierte am Ende und es hatte Stil. 23 Jahre habe ich hier gewirkt, in so einer langen Zeit lässt sich manches bewegen.

Erinnerungsorte. Die brauchen wir. Sie tun unserer Seele gut. Wenn die Kirche in der Zwischenzeit schon wieder umgemodelt worden wäre, in einer ganz anderen Art – das wäre nichts.

Für meine Mitbrüder war es natürlich auch spannend, als ich nach so langer Zeit zurückkam. Für sie bin ich immer noch ein bunter Vogel, weil ich ein anderes Leben geführt habe. Und trotzdem bin ich auf meine Weise im Kloster St. Ottilien sehr präsent. Es ist ein gutes Miteinander.

Manche, die sich dafür interessieren, in einem Kloster zu leben, erhoffen sich dabei vor allem Gemeinschaft und gute Freunde zu finden, weil sie sich nach Nähe sehnen. Aber so einfach ist es nicht. Die meisten, die so denken, werden enttäuscht.

Das gemeinsame Leben, Beten und Arbeiten macht das Leben im Kloster aus. Wir freuen uns am Miteinander. Der Mensch braucht die Gemeinschaft mit anderen. Aber es geht nicht um Freundschaft und Beziehung, wenn man im Kloster lebt. Wir wahren bewusst die Distanz, die es als Ordensleute braucht, damit das Kloster als Ganzes funktioniert. Und auch im Kloster gibt es natürlich Auseinandersetzungen. Manchmal geschieht dies unterschwellig und subtil, in anderen Fällen auch offen. Da kann der eine den anderen nicht verstehen, oder man mag sich schlicht nicht leiden. Immer wieder kommen neue Brüder hinzu. Das ist eine bleibende Herausforderung. Ich kann einfach nicht jeden gleichermaßen sympathisch finden.

Weil alle Menschen Schwächen haben und untereinander immer wieder Konflikte austragen, halte ich es mit dem heiligen Benedikt, der sagt: »Die Sonne darf nicht untergehen, bevor man sich wieder ausgesöhnt hat.« Und auch: »Ihre körperlichen und charakterlichen Schwächen sollen sie mit unerschöpflicher Geduld ertragen.«

Nach wie vor bin ich viel unterwegs, reise zu anderen Klöstern, halte Vorträge. Mein Alltag ist insoweit fast derselbe wie früher – nur die Ausgangsbasis ist eine andere. Mit Ende 70 ist manches beschwerlicher geworden, und es fällt mir nicht immer leicht, allen selbst gewählten Anforderungen gerecht zu werden. Aber ich bin dankbar, dass ich nach wie vor scheinbar gebraucht werde und meine Stimme weiterhin gehört wird.

HEIMAT

In einem kleineren Ort im Allgäu, in Bad Grönenbach, sind meine Wurzeln. Sie geben mir Bodenhaftung. Das ist wichtig für einen, der so viel unterwegs war und ist wie ich.

Heimat – das sind für mich Bad Grönenbach und St. Ottilien. In Bad Grönenbach bin ich geboren. Das Aufwachsen dort auf dem Land hat mich geprägt. Bilder meiner Heimat sind das Schloss und die Kirche mit ihrem schönen Turm. Die Wiesen, die nach Frühling duften, der modrige Geruch im nahe gelegenen Wald. Überhaupt die Nähe zur Natur. Am Teich haben wir als Kinder und Jugendliche jeden Sommer ganze Nachmittage verbracht.

Bad Grönenbach liegt auf drei Endmoränen. Der Ort ist an zwei Seiten eng vom Wald begrenzt. Ständig waren wir als Kinder und Jugendliche im Wald unterwegs, haben dort Hütten gebaut oder Tannenzapfen-Schlachten veranstaltet. Wir waren dort mit Herz und Seele zu Hause.

Wenn ich an Heimat denke, sehe ich geschmückte Erntewagen, das Mosaik an der Hauswand und die Krachlederne. Und dann wird mir warm ums Herz …

Man hat sich im Ort gekannt. Die Leute haben sich untereinander getragen. Und bis heute nennen sie mich in

Bad Grönenbach oft nur bei meinem Taufnamen, Werner, wie früher. In St. Ottilien ging ich zur Schule, auf das Gymnasium der Missionsbenediktiner, ein Internat. Bad Grönenbach war weit, in den Ferien habe ich mich auf die Heimreise gemacht.

Nach dem Abitur bin ich im Jahr 1961 in den Benediktinerorden eingetreten, dort Novize und später Mönch geworden. Deshalb war dann für sechs oder sieben Jahre Schluss mit dem »Heimfahren«. Bis zur Primiz durften wir dies nicht. Aber als junger Pater bin ich in den Ferien immer wieder in Bad Grönenbach gewesen und habe alle besucht, die mit mir verbunden waren.

In Rom und München studierte ich Philosophie, Theologie, Zoologie, Anorganische Chemie und Geschichte der Astronomie. 1971 wurde ich Professor für Naturphilosophie und Wissenschaftstheorie an der Päpstlichen Hochschule Sant'Anselmo auf dem Aventin-Hügel in Rom. Anschließend habe ich 23 Jahre lang als Erzabt in St. Ottilien meine Kräfte für dieses Kloster eingesetzt. Auch in dieser Zeit bin ich weiterhin oft in meine alte Heimat gefahren. Danach begann eine bewegte Zeit: In manchen Jahren war ich 300.000 Flugkilometer unterwegs. Als Abtprimas von rund 23.000 Mönchen und Nonnen in der Welt gehörte das viele und lange Reisen einfach zu meiner Aufgabe dazu, um Kontakte zu halten, viele Gespräche zu führen, Menschen zu begeistern und weltweit Projekte der Benediktiner anzustoßen und voranzubringen. Allerdings habe ich mich nie nach diesem Amt des Abtprimas gesehnt. Nie hatte ich Karrieregedanken. Im Laufe der Zeit hat sich nach und nach eins ums andere ereignet.

Einen besonderen Bezug zur Kirche habe ich bereits früh bekommen. Als ich zweieinhalb Jahre alt war, hat mich meine Mutter erstmals in die Messe mitgenommen und auf eine Bank gestellt, damit ich alles sehen konnte. Der Weihrauch, die schöne Musik und das Licht haben mich damals gleich in ihren Bann gezogen. Da habe ich Religion so positiv erlebt, dass mir später niemand mehr den Glauben nehmen konnte.

Zwei Drittel der Einwohner von Bad Grönenbach waren katholisch, ein Drittel reformiert. Am Sonntag ging es regelmäßig gemeinsam in die Messe. Im Winter sind die Menschen dafür zum Teil zwei Stunden lang durch den Schnee gestapft. In meinem Heimatort war sonntags der Kirchgang normal, so wie es am Montag wieder in die Schule ging.

Ich bin sehr früh aus persönlicher Überzeugung in die Kirche gegangen. Später als Ministrant war ich dort wirklich zu Hause. Wir haben auf der Kommunionbank miteinander gerungen, wer nach dem Sanctus zum Glockenläuten in den Kirchturm darf. Manchmal haben wir uns darüber während der Messe so richtig in die Haare gekriegt. Und unser Mesner hat dann Kopfnüsse verteilt, wenn wir zu laut waren. Aber es war trotzdem für uns eine Art Zuhause, die Kirche. Ich habe dort quasi jeden Stein gekannt. Und bis heute ist da eine große Vertrautheit geblieben. Daher kann ich gar nicht verstehen, dass manche Menschen Angst vor dem Herrgott haben.

Der alte Pfarrer war ein Urgestein. Am Sonntag saß er mit allen nach der Messe beim Frühschoppen. Er wusste, wo die Menschen der Schuh drückte, weil er mit ihnen geredet hat. Beim Frühschoppen bekommt man alles mit. Und er war ein Sympathieträger. An den konnte keiner ran. Der hatte noch die alte Souveränität. Sein Nachfolger hat mich nach St. Ottilien gebracht, ins Internat, weil ich Missionar werden wollte. Johannes Hartl hieß der Pfarrer. Leutselig war er nicht, aber er hat die

26

Kranken besucht und wurde deshalb allenthalben sehr geachtet.

Zu Hause zu sein heißt, voll integriert zu sein – und nicht nur punktuell dabei zu sein. Heimat, das stelle ich immer wieder fest, das sind für mich vor allem die Menschen. Aber es ist auch die Kirche in Bad Grönenbach, in der ich am 2. September 2018 mein goldenes Priesterjubiläum gefeiert habe.

Als Junge bin ich oft zu den Nachbarn gegangen, auch zu den Alten. Das waren diejenigen, die zu Hause geblieben waren – denn wir hatten Krieg.

Beim Taufpaten meiner Schwester war ich auch immer wieder, der Mann hat Pfeife geraucht. Wir saßen dann zusammen und rauchten gemeinsam. Der Mann hatte, daran erinnere ich mich, ein großes Barometer an der Wand hängen. Ein Barometer aus dem 19. Jahrhundert! Und das war mittlerweile schon ganz schwarz vom Tabakqualm. Für mich ist dieses Bild, das sich in mir eingegraben hat, ein Inbegriff von Nostalgie.

Meine Eltern kamen aus dem Rheinland bzw. aus der Trierer Ecke. Mein Vater suchte Ende der 30er-Jahre nach Arbeit und entdeckte in der Zeitung eine Stellenanzeige. Im Allgäu hatte eine Bekleidungsfabrik neu aufgemacht. Und er bekam dort tatsächlich eine Anstellung als Schneider und zog gemeinsam mit meiner Mutter nach Bad Grönenbach. Die beiden waren damals noch nicht lange zusammen und hatten kurz vor dem Umzug noch im Rheinland geheiratet. Ein Jahr später wurde ich geboren, am 21. Juni 1940.

Zwölfeinhalb Jahre danach kam meine Schwester auf die Welt. Dazwischen lag der Krieg. Mein Vater hatte einen sehr guten Draht zu meiner Schwester; manchmal war meine Mutter fast eifersüchtig. Zu mir hat er nie eine so enge Beziehung aufbauen können, weil er in den Anfangsjahren so weit weg war.

Als ich auf die Welt kam, war er jedenfalls schon eine Weile fort. Die wehrfähigen Männer hatte man zum Militärdienst eingezogen. Am 15. März 1939 war die deutsche Wehrmacht in Prag einmarschiert. Am 11. April 1939 trat Adolf Hitlers »Weisung für die einheitliche Kriegsvorbereitung der Wehrmacht für 1939/1940« in Kraft, die den Plan für einen Überraschungsangriff auf Polen enthielt. Und am 1. September 1939 begann der Einmarsch von eineinhalb Millionen Wehrmachtssoldaten in Polen. Innerhalb von drei Wochen war das ganze Land besetzt. Fünf Millionen Polen starben im Zweiten Weltkrieg.

1939 war mein Vater zunächst in Helgoland stationiert. Ein Jahr später konnte er zu meiner Geburt »auf Urlaub« nach Hause fahren. Und weil ich 14 Tage zu spät auf die Welt kam, durfte er sogar noch so lange bleiben.

Als er schließlich zurück zu seiner Kompanie fahren wollte, hatte man diese zwischenzeitlich nach Polen verlegt, wie viele andere Einheiten. Seine Kameraden waren da größtenteils bereits bei den Kämpfen getötet worden – und er war am Leben geblieben. Das Zuspätkommen hat ihm das Leben gerettet.

Für meine Mutter muss die Situation damals ziemlich schlimm gewesen sein. Direkt nach der Hochzeit, kurz vor der Geburt ihres ersten Kindes, war sie allein in einer ihr völlig fremden Umgebung. Meine Schwester hat vor einigen Jahren einen Teil der Briefe gefunden, die mein Vater von der Front nach Hause schickte und in denen er sich bei meiner Mutter nach mir erkundigte.

In den entscheidenden ersten Jahren war ich mit meiner Mutter allein.

Die Besitzerin des Hauses, in dem wir damals wohnten, hat ihr geholfen, damit wir über die Runden kamen. Wir hatten Glück, in der Provinz sind wir von Fliegerangriffen weitgehend verschont geblieben. Aber gehungert haben wir natürlich, wie die meisten anderen zu dieser Zeit. Auf den Feldern haben wir aufgelesen, was ging. Aus Weizen hat die Mutter Kaffee geröstet.

Eine frühe Erinnerung an meinen Vater habe ich – ich war damals vier Jahre alt. Vater kam auf Heimaturlaub. Als er irgendwann wieder an die Front zurückmusste, sagte ich zu meiner Mutter: »Jetzt bin ich froh, dass der Fremde wieder geht.«

Erst 1947 kam er aus der Gefangenschaft zurück. Da war ich schon sieben und gerade eingeschult worden. Eine gemeinsame Familie mussten wir uns erst erschaffen, und auch eine gemeinsame Heimat.

Nachdem er aus dem Krieg heimgekehrt war, arbeitete mein Vater in einem Schneiderbetrieb. Seine Freizeit war knapp bemessen. Dennoch flickte er dann oft noch die Kleider, Hosen und Jacken der Leute aus dem Dorf. Wir brauchten das Geld. Aber es ging bei alldem meist fröhlich zu. Bei uns in der guten Stube wurde viel erzählt, gelacht und gesungen. Wir waren nicht reich, aber wir waren glücklich miteinander.

Ich habe noch sehr engen Kontakt zu Bad Grönenbach, meinem Geburtsort, in dem ich Ehrenbürger bin. Ich kenne dort viele Menschen der älteren Generation, doch jetzt lichten sich Zug um Zug die Reihen. Und vieles hat sich verändert. Neue Häuser wurden gebaut, alte abgerissen; Familien sind zugezogen. Und der Bauer hat jetzt nicht mehr 20 Kühe, sondern 2.000.

Wenn ich über den Friedhof gehe, bleibe ich oft stehen und denke an die Menschen, die mir viel bedeutet haben. Wie sie mir geholfen haben und wie ich damit zu dem wurde, der ich heute bin. Menschen, die mir ein Stück Heimat gegeben haben, ohne dass ich mir dessen damals bewusst war. Mir fehlen diejenigen, die ich damals leichten Herzens zurückgelassen habe, als ich nach St. Ottilien ging. Einige von ihnen habe ich über die Jahre hinweg immer wieder besucht.

Nostalgie kommt von den griechischen Worten *gnosis* und *algos* – dem Erkennen von Schmerz. So eine Nostalgie gestehe ich mir zu; dass es mir wehtut, dass die Leute nicht mehr da sind, weil ich sie einfach mochte.

30 Jahre habe ich in meinem Heimatort die Kinder gefirmt. Der jetzige Bischof erlaubt es mir leider nicht mehr. Er wollte pro Dekanat nur einen einzigen Firmspender und scheint nicht zu begreifen, was es heißt, die Liebe zum Menschen und zur Heimat zu haben. Viele aus Bad Grönenbach haben mich gefragt, warum ich nicht mehr komme und die Firmung halte. Es versteht keiner, wo das Problem liegt. Und eigentlich gibt es auch keins – es geht anscheinend ums Prinzip.

Für immer ein Ausländer

16 Jahre habe ich zuletzt am Stück in Rom gewohnt, wenn ich gerade nicht unterwegs war. Die Stadt war mein drittes Zuhause nach meinem Heimatort und dem Kloster in St. Ottilien. 25 Jahre war ich insgesamt in Rom. Drei Jahre als Student, sechs Jahre als Professor und 16 Jahre als Abtprimas. Ein Drittel meines Lebens!

In dieser langen Zeit habe ich natürlich nicht nur Italienisch gelernt, sondern auch den römischen Dialekt – und die eine oder andere Trattoria besucht.

Das Kloster Sant'Anselmo liegt hoch oben über der Stadt auf dem Aventin. Vom Orangengarten hat man einen wunderschönen Blick auf die Stadt, von der ich aber leider nicht viel mitgekriegt habe. Meine wichtigste Bewegungsrichtung war meist die vom Kloster zum Flughafen Fiumicino und wieder zurück. Eigentlich sollte ich jetzt einmal einen Monat Urlaub machen und mir Rom anschauen.

Man bleibt in Italien als Deutscher für immer der Ausländer. Auch wenn ich den Dialekt der Römer sprach, auch wenn man mich mochte – man grenzte mich dennoch immer wieder aus. Ich fühlte mich jedenfalls all die Jahre nie wirklich angenommen. Das höre ich oft: Die erste Generation hat es schwer in der Fremde. Alle, die nachkommen, haben meist schon andere Möglichkeiten.

Und ich habe dies auch in meiner Jugendzeit in Bad Grönenbach gespürt. Wir waren ja keine alteingesessene Familie, wir waren Zugezogene. Mein Vater hatte hier seine Arbeit gefunden. Und ich war zwar »eingeboren« – vor Ort zur Welt gekommen –, aber eben nicht eingesessen.

Als Jugendlicher war ich Teil eines Trios. Einer von uns Jungs stammte aus einer Flüchtlingsfamilie, die in den Wirren des Kriegs ins Allgäu geflohen war. Der andere war mit seinen Eltern aus Mannheim zu uns gezogen. Und meine Wurzeln elterlicherseits lagen im Rheinland und im Raum Trier. Kurzum: Bei jedem von uns dreien kamen die Eltern nicht aus dem Ort. Das schweißte uns ein Stück weit zusammen. Natürlich gab es im Ort noch einige andere, mit denen wir gerne zusammen waren – aber der engere Kreis, das waren wir drei.

Mit 14 ½ Jahren kam ich ins Internat in St. Ottilien. Ich war froh, dass ich die Bevormundung durch die Mutter hinter mir lassen und nun mit Gleichgesinnten zusammen sein konnte.

St. Ottilien ist ein kleines Dorf. Wir durften als Internatsschüler das Kloster nicht verlassen, nicht zum Einkaufen und auch nicht, um in eine Wirtschaft zu gehen. So sind wir gemeinsam kreativ geworden. Weil wir nichts hatten, mussten wir uns selbst etwas einfallen lassen. Theater spielen, dichten, komponieren – wir haben alles Mögliche unternommen. Unsere Musikalität konnte sich entfalten, wir haben zusammen Musik gemacht und gesungen. Ab und zu kamen die alten Missionare auf Heimaturlaub ins Klosterdorf. Die haben uns erzählt, wie es in der Welt zuging. Ihre Erzählungen über die Fremde haben mich fasziniert. Über die Lebensbeschreibung eines Missionars hatte ich ja auch den Weg zu den Benediktinern gefunden. Einen Fernseher hatten wir damals noch nicht.

Die Verbindungen zum Ort meiner Kindheit sind nie abgerissen. Meine Eltern wohnten bei einer großen Bauernfamilie aus Bad Grönenbach zur Miete, meine Schwester lebt bis heute dort. Eine lange, intensive Verbindung, die trotz zeitlicher und räumlicher Distanz andauert.

Resonanzboden der Seele

Wissenschaftler haben festgestellt, dass sich Heimatgefühle durch wiederholte Prägung in unserem Gehirn
manifestieren. Der Ort, an dem wir unsere Kindheit und
Jugend verbringen, wird zum wichtigen Bezugspunkt,
oftmals für ein ganzes Leben. Aber wir können uns im
Laufe der Zeit auch an neuen Orten einrichten und
wohlfühlen. Ob für eine kurze Dauer oder für längere
Zeit – intensive Eindrücke, starke Gefühle, sie bleiben in
uns haften und prägen das Heimatbild. Auf diese Weise
verknüpfen wir nach und nach auch mehrere Orte mit
dem Begriff Heimat. Und es gibt sogar Heimatgefühle,
die sich nicht mit einer bestimmten Region verbinden,
sondern vor allem mit einer Gruppe von Menschen oder
einem Einzelnen, einer Sprache, einer Melodie, einem
Geruch. Wir sprechen davon, dass wir uns in einer Sprache, die wir lieben gelernt haben und nun gut beherrschen, heimisch fühlen. Oder wir betreten den Flur des
Elternhauses und wissen sofort: Da ist er wieder, dieser
Geruch der Kindheit. Genau so hat es sich schon immer
angefühlt: Hier bin ich zu Hause.

Heimat ist nichts Statisches. Denken wir nur an die
bauliche Veränderung von Dörfern und Städten. Der
Ortsname bleibt, die Siedlungsstruktur verändert sich.
Baufällige Gebäude werden abgerissen, andere müssen
Neubauten weichen, weil es sich so besser rechnet. Aus
ehemaligen Kasernengeländen wurde vielerorts Wohnraum, an den Rändern der Ortschaften entstehen neue
Siedlungen für die Pendler, die sich in der Stadt kein eigenes Haus und keine Wohnung leisten können. Straßen
werden gebaut, um ein neues Viertel zu erschließen. Wo
auf Feldern jahrzehntelang Getreide angebaut wurde,
steht heute das »Outlet-Center«. Und die Menschen?

Irgendwann, wenn ich nach langer Zeit wieder vor Ort bin, erkenne ich zuerst fast nichts mehr wieder. Ich muss mich neu orientieren. Und dann entdecke ich vielleicht doch das eine oder andere vertraute Detail: Die alte Dorflinde, der Brunnen, der Teich – die sind geblieben. Und natürlich die Kirche mit ihrem markanten Turm. Und ich weiß: Hier bin ich richtig. Noch wesentlicher für mich, ich wiederhole es bewusst, sind jedoch immer die Menschen.

Vor einiger Zeit habe ich auf dem Unterallgäuer Gautrachtenfest in Bad Grönenbach gepredigt, am Sonntag im Bierzelt – und natürlich auf Allgäuerisch. Die Menschen kommen zu solchen Gottesdiensten, weil sie es schätzen, ihre Muttersprache zu hören. Das ist Heimat. Etwas, auf das du zurückkommen kannst. Ein Resonanzboden der Seele. Ein Ort, an dem ich verstehe und von den Menschen verstanden werde.

Wenn jemand an Demenz erkrankt, lösen sich neuronale Strukturen auf, und es entsteht oft ein Gefühl der Heimatlosigkeit. Vertrautes scheint zu schwinden. Und wenn aus irgendeinem Grund ein Ortswechsel notwendig ist, jemand in ein Altersheim oder ein Krankenhaus kommt, wird es meist ganz schnell schwierig. Demenzkranke können sich dann überhaupt nicht mehr orientieren, weil ihnen die Ankerpunkte fehlen.

Mit dem Begriff Heimat verbinden wir unsere Identität. In einer Zeit früher Prägung, in Kindheit und Jugend, entwickeln sich Einstellungen und Weltauffassungen.

Welche Mentalität hat man, wenn man am Meer groß geworden ist? Und was macht uns aus, wenn unsere Heimat ein Bergdorf war?

Landschaft ist auch charakterbildend. Sie fordert uns heraus. Der kalte Wind, die steife Brise, wie der Norddeutsche sagt. Der steile Auf- und Abstieg auf dem Weg zur Schule. Die schlammigen Wege durchs Feld. Oder der finstere Wald, der täglich einmal durchquert werden muss, um nach Hause zu kommen.

Haben solche frühen Prägungen Einfluss auf unseren Charakter, unsere Willensstärke, unsere Durchsetzungskraft? Hat derjenige, der in einer Landschaft groß wurde, die eher melancholisch anmutet, eine andere Sicht auf die Welt? Wenn ich solche Überlegungen anstelle, ahne ich gleichzeitig, dass einige sich an einer derartigen Verknüpfung von Landschaftsformen und Heimatbegriff auch reiben werden. Zu oft wurde das Wort missbraucht, von Stiefeln in den Dreck getreten.

Bundespräsident Frank-Walter Steinmeier hat einmal am Tag der Deutschen Einheit in einer bemerkenswerten Rede Folgendes festgehalten: »Ich bin überzeugt, wer sich nach Heimat sehnt, der ist nicht von gestern. Im Gegenteil: Je schneller die Welt sich um uns dreht, desto größer wird die Sehnsucht nach Heimat. Dorthin, wo ich mich auskenne, wo ich Orientierung habe und mich auf mein eigenes Urteil verlassen kann. Das ist im Strom der Veränderungen für viele schwerer geworden. Diese Sehnsucht nach Heimat dürfen wir nicht denen überlassen, die Heimat konstruieren als ein ›Wir gegen Die‹; als Blödsinn von Blut und Boden; die eine heile deutsche Vergangenheit beschwören, die es so nie gegeben hat. Die Sehnsucht nach Heimat – nach Sicherheit, nach Entschleunigung, nach Zusammenhalt und vor allen Dingen Anerkennung –, diese Sehnsucht dürfen wir nicht den Nationalisten überlassen.«[1]

Und Henrik Müller, Professor für wirtschaftspolitischen Journalismus an der TU Dortmund, schreibt: »Der Nationalismus ist weltweit auf dem Vormarsch. Falsche Patrioten sind dabei, die offene Weltordnung einzureißen.

2017 ist das Jahr, in dem Großbritannien formal seinen EU-Ausstieg eingeleitet hat, Donald Trump ins Weiße Haus eingezogen ist, Xi Jinping beim KP-Parteikongress China auf einen stramm patriotischen Kurs getrimmt hat, in Österreich die FPÖ in die Regierung gelangt und in Deutschland erstmals eine Rechtspartei in den Bundestag gekommen ist. Die Liste ließe sich verlängern.

Falscher Patriotismus, weil sich all diese Figuren nicht zuvörderst darum scheren, das Wohlergehen ihrer eigenen Bevölkerung zu sichern, sondern weil es ihnen zuallererst um Abgrenzung gegenüber inneren und äußeren Gegnern geht. Dafür nehmen sie immense Risiken in Kauf – nicht nur, weil internationale Fragen sich in unkooperativem Klima kaum beantworten lassen, sondern auch sie sich unmittelbar selbst schaden.

Die ersten Brexit-bedingten Wohlstandseinbußen in Großbritannien illustrieren den Holzweg, auf dem sich große Teile der Welt befinden. Ganze Nationen handeln gegen ihre langfristigen Interessen.«[2]

Heimat im ursprünglichen Sinn hat auch für mich nichts mit Nationalismus zu tun. Es geht mir, ich kann es nur wiederholen, immer um die Menschen, nicht um die Scholle.

Der Wert der Beständigkeit

Kennen Sie noch den Begriff Ortsgespräch? Wenn ja, dann sind Sie in einer Zeit groß geworden, in der man noch Telefone mit Wählscheiben besaß und man unterwegs an einer gelben Telefonzelle haltmachte, um Bescheid zu geben, dass man später kommen wird. An

Handys dachte damals noch keiner. Ein solcher Gedanke wäre als pure Utopie abgetan worden.

Ich erinnere mich auch schmunzelnd an die ersten mobilen Telefone, die für die ersten Besitzer so etwas wie ein Statussymbol waren. Das waren richtig klobige Teile mit einem Akku so groß wie ein Aktenkoffer.

Wenn heute einmal etwas nicht so funktioniert, wie es soll, und der Akku des kleinen, mobilen Helfers, der in eine Jackentasche passt, schon wieder leer ist, hilft es, sich an früher zurückzuerinnern. Heimat ist Erinnerung, Nostalgie.

Die Erinnerung ist dabei nicht immer golden, wie uns manche weismachen wollen. Nein, früher war nicht alles besser.

Schon länger habe ich es aufgegeben, bestimmten Trends zu folgen. Als Mitglied eines Ordens, der seit Jahrhunderten im schwarzen Habit unterwegs ist, bin ich in Sachen Mode kein Spezialist. Stattdessen weiß ich um den Wert der Beständigkeit, die wir im Kloster *stabilitas* nennen. Wir wissen, wer wir sind und wohin wir gehören. Und wir wissen jeden Morgen ganz genau, was wir anziehen sollen, was jede Menge Zeit erspart. In Sachen Menüfolge sind wir beim Mittagessen nicht wählerisch. Denn es gibt ohnehin nur einen Vorschlag, den man annehmen kann oder nicht. Auch musikalisch sind keine Experimente angesagt. Der Chorgesang funktioniert nach klaren Regeln, ebenso wie das Miteinander in der Gemeinschaft. Aber ich gebe zu: Ich habe mich musikalisch immer ein wenig vorgewagt ...

Intuitiv haben wir alle ein großes Bedürfnis nach Sicherheit und Zugehörigkeit. Wir scheren ungerne aus, wenn die meisten anderen etwas auf eine bestimmte Weise sehen, es in einer bestimmten Form wollen und es auch so machen.

Anecken ist mit Problemen und manchmal auch mit Schmerzen verbunden. Das weiß jeder, der auf dem Weg durch die dunkle Wohnung an einer Schrankecke oder einer Tischkante hängen bleibt.

Aber was ist, wenn der Weg der Masse in die Irre führt? Wenn alle »Hurra« schreien, wenn eigentlich Ablehnung angesagt wäre? Wenn manche um der eigenen Interessen willen die Rechte anderer missachten und mit Füßen treten?

Dann gilt es wachsam zu sein und klare Kante zu zeigen: »Nein, mit mir nicht. Da bin ich nicht dabei. Ich sehe es anders.« Manchmal stehen wir mit unserer Meinung dann allein auf weiter Flur. Oftmals werden wir aber auch positiv überrascht – und wenn einer seine Stimme erhebt, fallen andere mit ein und solidarisieren sich.

Positionen, die lange als unverrückbar galten, ändern sich plötzlich. Politische Mehrheiten kippen. Grundsätze werden über Bord geworfen. Und dies in einem Tempo, dass sich alles zu drehen scheint. So ist unsere Zeit. Und dann stellt sich bei vielen logischerweise Verunsicherung ein. Umso wichtiger ist es, dass wir uns selbst treu bleiben, an wichtigen Werten festhalten und für unsere Meinung einstehen.

Auch beim Thema Heimat gilt es, Augen und Ohren offen zu halten, selbst wenn der Begriff an sich eine gewisse Beständigkeit hat. Er wird jedoch von Generation zu Generation neu gefüllt. Der Journalist Daniel Schreiber formuliert seine Position so: »Das Einzige, das wir kollektiven Entwurzelungsgefühlen entgegenstellen können, sind unsere individuellen Versuche der

Verwurzelung. Anstatt über Heimat zu schwafeln, sollten wir uns engagieren und uns ein Zuhause bauen.«[3]

Zu wissen: Da komme ich her. Das bedeutet mir etwas.
So will ich auch in Zukunft leben. Das ist Teil meiner
Verwurzelung. Das tut mir gut.

Heimat ist nichts, was wir selbst schaffen können. Es
ist ein Geschenk.

Am 7. Juni widmete die BILD-Zeitung dem Thema
Heimat eine Sonderausgabe, die in ganz Deutschland
kostenlos an alle Haushalte verteilt wurde. Aus diesem
Anlass hatte man auch eine repräsentative Umfrage zum
Thema Heimat in Auftrag gegeben. Hier einige der
Antworten:

Was löst bei Ihnen Heimatgefühle aus?
Eine Landschaft: 64 %
Eine Person: 42 %
Eine Jugenderinnerung: 39 %
Ein Bauwerk: 28 %
Ein Geruch 24 %
Ein Geschmack: 22 %
Ein Lied: 17 %

36 % sehen Deutschland im Ganzen als ihre Heimat,
31 % nennen eine Stadt, das Bundesland oder eine Region
als ihre Heimat.

68 % der Befragten verbinden ihren Herkunftsort mit
dem Begriff Heimat.

9 % hatten dieses Gefühl noch nie.

85 % der Deutschen empfinden das Heimatgefühl als
Bestandteil ihres persönlichen Glücks.

54 % sehnen sich mit zunehmendem Alter stärker nach
Heimat.

Zwei Beiträge in dieser Zeitungsausgabe haben mich besonders fasziniert: Altbundespräsident Joachim Gauck antwortet auf die Frage, was für ihn Heimat bedeutet: »Es ist eine Mischung ganz früher Wahrnehmungen: Bilder, Geräusche, Gerüche, Stimmen. Die Bäume, die sich vor dem Wind wegbiegen, das Rauschen des Meeres, für die Menschen hier an der Küste … Aber nicht nur das Schöne: Es sind auch Erfahrungen, die wehtun. Heimat ist, wo wir frühe, intensive Prägungen in Kindheit und Jugend erfahren …

Heimat bedeutet doch zunächst ein Gewebe früher Eindrücke. Das gehört zu uns, lässt uns zu Hause sein und gibt uns ein Gefühl innerer Sicherheit. Deshalb ist dieses Gefühl gut und wichtig. Nationalsozialisten und DDR-Führung haben aber versucht, Heimatliebe mit einem Bekenntnis zu ihren undemokratischen Systemen zu verbinden. Im Nationalsozialismus wurde daraus ein aggressiver Nationalismus, es wurde Hass auf andere Völker geschürt oder – wie gegenüber den Juden – auf Teile der eigenen Bevölkerung. Deutschland brauchte also durchaus eine Erholung von diesen missbrauchten Begriffen. Die ist inzwischen gut und weit gediehen.«

Und Guido Maria Kretschmer schreibt über die Familie seines Vaters: »Aus Schlesien waren sie gekommen, und dieses Schlesien wurde immer etwas langsamer ausgesprochen als Nordrhein-Westfalen, was ja nun Heimat war und das Zuhause meiner Mutter … Meine Oma hatte den Menschen in ihrer neuen Heimat etwas voraus, sie kannte die Sehnsucht nach dem Verlorengegangenen, der Heimat … Ich hatte mein ganzes Leben das Gefühl, dass ich das Verlorengegangene zurückholen sollte … Ich glaube, dass ich heute noch immer so freundlich mit Fremden bin, da ich weiß, wie der Verlust der Heimat eine Familie prägen kann.«[4]

40

Es lohnt der Frage nachzugehen: »Heimat, was bedeutet das für mich?«

Verbrannte Begriffe

Der Zweite Weltkrieg und seine Folgen spielen nach wie vor mit Blick auf unser Bild von Heimat eine Rolle. Schlimme Begriffe wie Blut und Boden oder der grausame Volksgerichtshof, der Tausende unschuldig verurteilte, haben sich in eine Art kollektives Gedächtnis eingegraben. Und auch das Wort Volk geht manchen schwer über die Lippen, wenn sie über die deutsche Nation sprechen. Das Wort ist für viele quasi verbrannt, weil es mit Unheil und Unrecht aufgeladen wurde. Ebenso wie die Formulierung »auf deutschem Boden«.

Wenn wir über das »italienische Volk« reden, ist dies für die meisten kein Problem. Irgendwie seltsam – aber es ist so.

»Am deutschen Wesen mag die Welt genesen«, hat man vor dem Ersten Weltkrieg gesagt. Während die Nationalsozialisten Deutschland regierten, hat man wieder so gehandelt, anderen aufgezwungen, was man für richtig hielt. Das ist bis heute ein Problem, weil es viele Generationen lang nachwirkt.

»Geh nur hinaus ...«, sagte mir einer, als wir in Rom mit einer Gruppe im Fernsehen einen Film über das Dritte Reich anschauten und plötzlich das Horst-Wessel-Lied erklang – und ich deshalb den Raum verließ. »Ihr Deutschen habt immer noch das braune Blut in den Adern.« In solchen Momenten fühle ich mich schrecklich. Und es schmerzt, dass man uns immer noch mit rechtem Gedankengut in Verbindung bringt. Im Nachhinein habe ich mich vor allem auch darüber geärgert, dass ich damals einfach rausgegangen bin, ohne dazu Stellung zu beziehen. Denn ich hätte durchaus etwas zu erwidern gewusst. Aber in diesem Moment war ich derart vor den Kopf gestoßen, dass ich quasi die Flucht vor der Situation ergriffen habe.

In meinem Wortschatz kommt Volk jedenfalls bis heute nicht vor, ebenso wie das Wort Nation. Die meisten sprechen wie ich von Deutschland oder von der Bundesrepublik.

Ich meine, zwischen Heimat und Nation muss man unterscheiden. Heimat im ursprünglichen Sinne hat nichts mit Nationalismus zu tun, sondern mit Vertrauen, mit Menschen, mit Landschaft, in die wir eingebettet sind – wo wir herkommen. Und mit Blick auf das Dritte Reich ist die Schuldfrage nicht einfach zu beantworten. Wer hat sich dafür zu verantworten, und wer trägt keine Mitschuld? Wie lange gilt die Schuld, wie machen wir uns davon frei?

Zunächst tragen alle Schuld, die damals die Entscheidungen getroffen haben – und auch diejenigen, die die Befehle umgesetzt haben: Soldaten, Polizisten, Beamte. Natürlich die Denunzianten, die Hetzer, die Schläger und die Mörder. Auch alle, die damals geschwiegen und die schrecklichen Taten nicht verhindert haben, müssen sich dafür verantworten. Und wir tragen dies alles mit, bis heute. Denn es sind unsere Väter, Großväter und Urgroßväter gewesen.

In Nordkorea durfte ich ein Krankenhaus bauen, weil ich ein Deutscher bin. Das hat dort einen bestimmten, positiven Klang. Es klingt nach Zuverlässigkeit, ausreichend Geld und Ingenieurskunst. Aber es durfte dennoch gleichzeitig nirgendwo gesagt werden. Weil sich damit eine schlimme Vergangenheit verbindet. Wir tragen die Geschichte unseres Landes gemeinsam.

Ich selbst habe keine Schuldgefühle. Aber die Last dessen, was andere lange Zeit vor uns angestellt haben, tragen wir dennoch immer irgendwie mit.

In den 50er-Jahren bin ich mit dem Gefühl groß geworden, dass man »ein wenig beschämt sein muss, ein Deutscher zu sein«.

Eltern stehen normalerweise für die Taten ihrer Kinder gerade. Hier ist es ein wenig anders gelagert. Wir, inzwischen lange erwachsen, stehen als Kinder und Enkel für die Schuld unserer Vorfahren ein. Manche Israelis behaupten, dass wir uns bis ins siebte Glied zu verantworten haben. Das sehe ich so nicht.

Auf jeden Fall nagt das alles an uns, mal mehr und mal weniger. Und einige, vor allem jüngere Menschen in Deutschland, sagen: Wir wollen nicht auf immer und ewig schuldig sein. Irgendwann muss doch einmal Schluss sein. Auf der anderen Seite gilt: Wir dürfen nicht in Vergessenheit geraten lassen, was unsere Vorfahren den Juden und vielen anderen Menschen in Deutschland, Europa und der ganzen Welt angetan haben. Und angesichts der jüngsten Entwicklungen müssen wir auch sagen: Wehret den Anfängen!

Nie wieder dürfen Menschenrechte derart mit Füßen getreten werden.

Jahrzehntelang schwebte ein dunkler Schatten über vielem. Da wurden schnell Vergleiche gezogen, und das Bild vom hässlichen Deutschen machte mancherorts die Runde, wenn wir allzu machtvoll agieren wollten.

Aber ich merke seit einiger Zeit: Es bewegt sich etwas. Wir schämen uns für die rüde Art von Donald Trump und seinen Heimatbegriff, der mit der Ausgrenzung Andersfarbiger und Andersdenkender einhergeht. Und wir staunen, wie das Bild von Deutschland in den vergangenen Jahrzehnten ein anderes geworden ist. Unterwegs in den USA, in Australien und bei vielen anderen Reisen habe ich in den letzten Jahren gespürt: Es hat sich manches gewandelt. Man hat jetzt ein anderes Deutschlandbild, bewundert Angela Merkel und ihre Art, Politik zu machen, oder die Rolle, die wir bei internationalen Konferenzen einnehmen. Deutschland – das ist inzwischen auch das Bild eines offenen, gastlichen Landes. Dabei wissen die Leute durchaus, dass es für uns nach wie vor nicht leicht ist, mit der deutschen Vergangenheit umzugehen. Und die Ereignisse der letzten Monate haben auch wieder manchen Schatten auf jahrelange positive Entwicklungen geworfen.

Schwarz, Rot, Gold. Unsere Farben. Man sieht sie in den letzten Jahren wieder öfter als in den Jahrzehnten zuvor. Natürlich wurde die Deutschlandfahne durch alle Zeiten bei offiziellen Anlässen gehisst. Aber irgendwie war es nicht angesagt, damit Vorgärten, Fenster oder gar Wohnzimmer zu schmücken. In den anderen Ländern Europas ist dies anders, oder auch in den Vereinigten Staaten. Dort gehört es quasi zum guten Ton, *stars and stripes* zu zeigen. Oder denken sie an die Isländer, die mit ihrem »Huh!«, mit ihren lauten Fangesängen und Trommelwirbeln klarmachen, woher sie kommen und wofür sie stehen. Ihre Nationalfarben tragen sie nicht nur als Kleidung, sondern auch ins Gesicht geschminkt.

Wir brauchen Identitätssymbole. Für manche sind dies Fahnen und Farben, für andere Bauwerke, Musikstücke oder Hymnen. Aber wir machen heute aus dem Deutsch-Sein keine Ideologie mehr. Bei der Fußball-weltmeisterschaft oder den Olympischen Spielen habe ich den Eindruck, dass es vor allem ein Ausdruck der Freude ist, die deutschen Farben zu zeigen. Wir leben in einem Land, das mehr als 70 Jahre nach Kriegsende einen befreiten Umgang mit Identitätssymbolen zeigen kann.

Stabilität und Werte, Zeichen und Formen des Miteinanders brauchen wir, um uns in unserem Alltag, in unserer Gesellschaft zurechtzufinden. Dabei haben wir durchaus gelernt, Neuerungen gegenüber aufgeschlossen und flexibel zu sein. Wenigstens die meisten von uns. Toleranz, das bedeutet, dass wir dem anderen das Seine belassen – aus Respekt voreinander. Deutschland ist ein offenes, gastfreundliches Land – auch wenn leider immer wieder die Bilder deutschtümelnder Rechter über den Bildschirm flackern.

Was gehört zu Deutschland?

In den letzten Jahren wird diese Frage oft gestellt. Und auch die Frage: »Was gehört nicht zu Deutschland?« Auf was können wir stolz sein? Was macht das Deutsch-Sein aus? Was ist typisch für uns?

Horst Seehofer hat kurz nach seiner Vereidigung als neuer Innen- und Heimatminister mit seinen Äußerungen zum Islam provoziert. Gegenüber der BILD-Zeitung sagte er: »Der Islam gehört nicht zu Deutschland«, und bezog damit ganz klar Position gegen die Aussagen des früheren Bundespräsidenten Christian Wulff und von Bundeskanzlerin Angela Merkel. Seine Feststellung, Deutschland sei durch das Christentum geprägt, stimmt natürlich, und ich finde es wichtig, sich dies immer wieder einmal vor Augen zu führen. Denn in der Tat sind es christliche Werte, die unsere Gesellschaft zusammenhalten. Und auch wenn Horst Seehofer festhält: »Die bei uns lebenden Muslime gehören selbstverständlich zu Deutschland«, bin ich ganz bei ihm. Ebenso bei seiner Aussage, dass dies nicht bedeutet, »dass wir deswegen aus falscher Rücksichtnahme unsere landestypischen Traditionen und Gebräuche aufgeben«.[5] Dazu habe ich ja schon geschrieben. Es geht nicht um Lederhose und Dirndl, Biergarten und Blasmusik – denn so wird Deutsch-Sein reduziert auf das, was wir aus Bayern kennen. Es ist nicht nur das Deutschland der Romantik, mit Burgen, Schlössern, Wäldern, Brauchtum und Vereinen, die sich um deren Erhalt kümmern. Auch wenn viele emotional daran hängen. Es geht um Deutschland als Land der Dichter und Denker, des demokratischen Aufbruchs – ein Land der Freiheit.

Wir können die Zeit nicht zurückdrehen und in romantischer Verklärung auf ein Deutschland unserer Vorfahren schauen. Die Zukunft gilt es zu gestalten und Werte zu leben, damit sie fortbestehen. Es braucht unser aller Engagement, um neue Kapitel aufzuschlagen. Wo gehen heute die Nobelpreise hin? Herta Müller war die letzte deutsche Dichterin, die damit ausgezeichnet wurde.

Klaus Staeck, der Grafikdesigner und Karikaturist (viele Jahre war er Präsident der Akademie der Künste in Berlin), hat einst ein wunderbares Plakat geschaffen, das mir immer wieder vor Augen ist: Darauf sieht man einen Boxring, in rotes Licht getaucht. Dazu der Text: »Ein Volk, das solche Boxer, Fußballer, Tennisspieler und Rennfahrer hat, kann auf seine Universitäten ruhig verzichten.« Das bringt bissig auf den Punkt, woran unser

Land krankt: dass wir eher stolz auf die Leistungen unserer Sportler oder Rennfahrer sind als auf die großartigen Bildungsmöglichkeiten und kulturellen Leistungen.

Unsere deutsche Kultur kristallisiert sich für mich vor allem durch die Begegnung mit dem Fremden heraus. Sei es, dass ich nach draußen gehe – oder das Fremde bei uns Einzug hält. Wir sind herausgefordert, uns dazu in einer guten Art und Weise zu verhalten. Und es ist notwendig, uns klar zu verorten. Es kann uns auch nicht gleichgültig sein, wie es anderen Volkswirtschaften geht. Wir sind aneinander gebunden.

Heimatvertriebene

In Augsburg steht in einem Park in der Nähe des Bahnhofs ein Gedenkstein. Er erinnert daran, dass hier nach dem Zweiten Weltkrieg 30.000 Vertriebene aus dem Sudetenland gelandet sind. Ich gehe daran vorbei und denke: Das scheint so weit weg von unserem Alltag zu sein. Aber es ist gerade vor einer Generation geschehen!

Zwischen 1944 und 1948 mussten fast zwölf Millionen Deutsche in den Wirren des Zweiten Weltkriegs ihre Heimat verlassen. Ab Herbst 1944 flohen Hunderttausende vor der näher rückenden Kriegsfront aus Ostpreußen, Schlesien, Pommern und Ostbrandenburg; ab dem Jahresbeginn 1945 auch aus dem Sudetenland. In vielen Fällen hatten die Behörden die Flucht angeordnet, andere flohen auf eigene Faust vor den Bombardierungen der Alliierten. Berichte und Gerüchte über Massenvergewaltigungen und Plünderungen in den von der Roten Armee eroberten Gebieten machten die Runde. Und in der Tat sind vielerorts schreckliche Taten geschehen. Die Menschen wurden dabei nicht nur von Soldaten vertrieben, sondern es gab ab Oktober 1944 sogenannte wilde Vertreibungen durch die ortsansässige, nichtdeutsche Bevölkerung, besonders in Gebieten, in denen die Deutschen eine Minderheit waren. Riesige Flüchtlingstrecks machten sich auf den Weg nach Westen, und es gab keine Stadt in Deutschland, die nicht Tausende von Flüchtlingen aufnahm. Überall entstanden neue Siedlungen, um Wohnraum für die Menschen zu schaffen. Die Unterbringung der Flüchtlinge stellte die damaligen Besatzungsmächte und die deutschen Behörden vor große Probleme. Private Wohnungen und Häuser wurden beschlagnahmt, es gab sogenannte Einquartierungen, und es wurden Flüchtlingslager errichtet. Oftmals waren dies ehemalige Sammelunterkünfte des Militärs oder Barackenlager an den Rändern der Städte, in denen das NS-Regime zuvor Kriegsgefangene, Zwangsarbeiter oder politische Gegner interniert hatte. Jahre vergingen, bis die Vertriebenen in eigenen Wohnraum umziehen konnten. In den Jahren ab 1948 entstanden zahlreiche neue Siedlungen. Ab Mitte der 50er-Jahre setzte eine verstärkte Bautätigkeit ein, die erst in den 60er-Jahren zum Abschluss kam. Neben den Städten und Gemeinden, die sich hier engagierten, hatten sich oftmals gemeinnützige Genossenschaften gebildet, zu deren Bestand bis heute zahlreiche derartige Siedlungen gehören. In einigen Fällen gründeten Siedler eigene Genossenschaften, und es war selbstverständlich, dass man sich wechselseitig beim Bau der Häuser half. Viele solcher »Flüchtlingssiedlungen« erkennt man daran, dass sie Straßennamen tragen, die an die Orte der »alten Heimat« erinnern – wie »Danziger Straße« oder »Stettiner Straße«. In Österreich fanden etwa 430.000 Vertriebene Aufnahme.

Heimatvertrieben – ein schlimmes Schicksal. Zumal schnell klar wurde, dass es für die allermeisten kein Zurück mehr gab. Die Vertriebenen sammelten sich in Flüchtlingsverbänden und Landsmannschaften, in denen die alten Traditionen gepflegt wurden. Der Staat leistete in einem gewissen Umfang Entschädigungsleistungen für den verloren gegangenen Besitz im Osten. Aber das reicht natürlich kaum aus, um den entstandenen wirtschaftlichen Schaden auszugleichen – geschweige denn die seelische Not.

In den letzten Wochen machte ein altes Plakat die Runde, mit dem die CDU bei der Bundestagswahl 1949 um Stimmen geworben hat – zwei Hände, die Backsteine reichen, auf denen die Wörter Wohnung und Existenz stehen. Dazu der Text: »Vertriebene – Eure Not ist unsere Sorge. Gemeinsam schaffen wir es.« Es zeigt: Schon vor fast 70 Jahren beschäftigte die Flüchtlingsfrage die Menschen in Deutschland. Damals allerdings noch unter anderen Vorzeichen.

Die vergessene Generation

Im Frühjahr 2004 erschien das Buch »Die vergessene Generation« von Sabine Bode mit dem Untertitel »Die Kriegskinder brechen ihr Schweigen«. Gemeint ist die Generation der zwischen 1930 und 1945 geborenen Deutschen, die als Kind den Zweiten Weltkrieg miterlebt und in der Folgezeit meist dazu geschwiegen haben. Das Buch wurde zum Bestseller und löste jede Menge Reaktionen aus. Die Autorin erhielt innerhalb weniger Monate mehr als 400 Dankesbriefe, auch von den Kindern der Kriegskinder. Denn viele verstanden erstmals, weshalb ihre Eltern so sind, wie sie sind. Weshalb sie handelten, wie sie handelten.

Auf Lesungen der Autorin kam es immer wieder zu Wortmeldungen von Betroffenen – und so half Sabine Bode ihren Lesern dabei, sich zu vernetzen und Gesprächsgruppen zu gründen, um das Geschehene zu verarbeiten. Und es entstand der Verein »Kriegsenkel«, in dem sich Menschen zusammenfanden, die endlich die Geschichte ihrer Eltern und damit auch ihre eigene Geschichte aufarbeiten wollten.

In einem ARD-Interview mit Sybille Krafft hielt Sabine Bode fest: »Wir müssen unsere Wurzeln kennen, und dazu gehört mehr, als nur zu wissen, wie die Eltern, die Großeltern und die Urgroßeltern geheißen haben, wo sie gewohnt und wovon sie gelebt haben. Stattdessen müssen wir auch ihre Einstellungen kennen – möglichst, denn das geht ja nicht immer, aber wir sollten das doch so weit wie möglich wissen. Wir müssen wissen, was sie Schweres erlebt haben, und wir müssen wissen, was ihre Stärken waren, was ihre Überlebenskräfte waren. All das gehört eigentlich, wenn es keine Kriege gegeben hat, zur Familienerzähltradition. Familienerzähltraditionen sehen so aus, dass das im Grunde genommen meistens Anekdoten von witzigen Vorfahren sind. Aber das sind eben auch Geschichten vom Überleben: Wir sind in Not geraten, wir haben es aber geschafft! Es gibt Kindern ganz viel Mut, wenn solche Geschichten erzählt werden. Aber diese Familienerzähltradition ist in Deutschland im Jahr 1945 zusammengebrochen.«[6]

Das Thema fand auf jeden Fall einen riesigen Widerhall. Gruppen von Betroffenen organisierten unter anderem Recherche-Reisen nach Polen und Versöhnungsseminare in ganz Osteuropa. Im Jahr 2009 schrieb Bode ein weiteres Buch mit dem Titel »Kriegsenkel«, das ebenfalls viele Auflagen erlebte.

In einem Bericht für den SPIEGEL hielt die damals 44-jährige Journalistin Merle Hilbk im Jahr 2013 fest: »Was treibt Zehntausende Bundesbürger in der Mitte ihres Lebens dazu, sich nun so intensiv mit einem Thema zu beschäftigen, das vielen schon in der Schule zu den Ohren herauskam? Sie versuchen, das Schweigen ihrer Eltern zu brechen, einen Weg zu finden, mit ihnen, die zu Kriegszeiten Kind waren, über ihre Erlebnisse und ihre Gefühle zu sprechen: über Schuld, Scham und Trauer – und ihnen auf diese Weise näherzukommen. Gleichzeitig wollen die Enkel sich aus den Fesseln der Vergangenheit befreien, in denen sie lange Zeit steckten, ohne es zu wissen. Versuche, die sie erst jetzt unternehmen; zu groß war die Angst der Enkel …«[7]

Es ist wissenschaftlich mittlerweile belegt, dass unbehandelte Traumata an die nächste Generation weitergegeben werden können. In Studien hat man festgestellt, dass nicht nur die Kriegsgeneration an den Erlebnissen jahrzehntelang weiterhin litt, sondern auch deren Kinder – die Kriegsenkel. Sie haben von ihren Eltern die unverarbeiteten Emotionen geerbt: die Angst vor den fallenden Bomben und dem Lärm, dem Feuer, den Schreien der Verwundeten. Das Gefühl der Heimatlosigkeit, die Einsamkeit oder das Misstrauen. Viele »Kriegsenkel« haben jahrelang unter solchen Gefühlen gelitten – aber dies nicht mit den Kriegserlebnissen der Eltern in Verbindung gebracht. Denn auch die Eltern hatten die Erlebnisse und aufkommende Emotionen stets verdrängt. Man gaukelte anderen und sich selbst über Jahrzehnte eine heile Welt vor. Nach dem Motto: »Alles halb so schlimm ...« Und litt dennoch dabei im Stillen. Oder man kompensierte die dunklen Momente mit übergroßem Einsatz, war pausenlos damit beschäftigt, irgendetwas »Sinnvolles« zu tun, da man die Zeiten des Leerlaufs fürchtete. Weil dann die dunklen Erlebnisse in den Vordergrund rückten und die Gefühle allmächtig wurden. Manche Kriegsenkel berichten, der Vater habe seine Erlebnisse stets so erzählt, als gehörten sie zu einem Fremden.

Sehnsucht nach einer heilen Welt

Sicherlich ist es teilweise als eine Antwort auf die Entwurzelung von Millionen von Menschen zu verstehen, dass der sogenannte Heimatfilm Anfang der 50er-Jahre des letzten Jahrhunderts eine Blütezeit erlebte.
Die Menschen hatten nach all den Zerstörungen des Zweiten Weltkriegs Sehnsucht nach einer heilen Welt, nach etwas, das intakt war. Blauer Himmel, blühende Wiesen, idyllische Landschaften, Wald und hohe Berge wurden zu einer heilsamen Projektionsfläche. Innerhalb eines Jahrzehnts entstanden so mehr als 300 Heimatfilme, die oft einem ähnlichen Muster folgten. Meist spielten sie in Landschaften, die von den Auswirkungen des Zweiten Weltkriegs weitgehend verschont geblieben waren: im Hochgebirge, den Alpen, in Niederbayern, im Schwarzwald oder in der Heide.
Bereits um 1910 waren erste Verfilmungen von Heimatromanen entstanden, sie zeigten oft Charaktere und Geschichten, die Jahrzehnte später noch prägend für das Genre waren: Konflikte zwischen kantigen Jägerpersönlichkeiten und Wilderern, Bergwelten und die unglück-

liche Liebe zwischen Menschen, die sich in ihrem Wesen letztlich fremd blieben. Auf der einen Seite der Städter, auf der anderen das Mädchen vom Lande. Oder Menschen aus unterschiedlichen sozialen Schichten: die einfache Magd und der Erbe des Hofguts ... Vieles blieb klischeebehaftet. Populär war damals der Schriftsteller Ludwig Ganghofer – interessanterweise kam es in den 1970er-Jahren zu neuen Adaptionen seiner Romane im Film, die das Genre des traditionellen Heimatfilms erneuerten. An dieser Stelle muss ich natürlich auch Luis Trenker nennen. Er verkörperte in über 20 Spielfilmen den Inbegriff des tollkühnen Bergsteigers, braun gebrannt mit einer von Wind und Wetter gegerbten Haut. Dabei war er nicht nur Schauspieler, Regisseur und Schriftsteller, sondern auch selbst Bergsteiger. Er verstand es, die Heimat- und Bergwelt in einer ganz besonderen Weise zu idealisieren.

Heimatfilm und Heimatliteratur kamen Anfang des 20. Jahrhunderts auf, als sich der Mensch durch die zunehmende Industrialisierung vom Heimatbild entfremdet hatte. Und sie wurden wieder wichtig, als die Menschen nach dem Krieg Halt suchten. Es sind Bilder der Sehnsucht, die hier aufgegriffen werden. Von Autoren wie Ludwig Thoma, Luis Trenker oder Ludwig Ganghofer. Dem »Komödienstadel«, einer Fernsehreihe des Bayerischen Rundfunks, oder der Hamburger Volksbühne. Heinz Schenk, Willy Millowitsch oder Heidi Kabel haben eine ganze Generation mit auf eine innere Reise genommen. Musik und Mundart, Trachten und Folklore – sie sind für manche ein Anker in einer sich rapide verändernden Zeit. Genau wie der Dorfstammtisch, die Trachtenjacke, der alte Leiterwagen, die Berghütte oder der Chor. Wenn wir von der »guten alten Zeit« sprechen, meinen viele genau dies: Da gab es etwas, was Halt schenkte. Da funktionierte das Miteinander im Dorf noch. Da wusste man um seinen Platz in der Gemeinschaft.

Viele Menschen haben ihre Wurzeln verloren. Sie wissen nicht mehr, wo sie hingehören. Geblieben ist eine Sehnsucht. Wie lange wird es die Heimatvereine, wie zum Beispiel die Bergmannsverbände im Ruhrgebiet, noch geben? Und wie lange das Unterallgäuer Gautrachtenfest? Die Antworten dürfen sich aber nicht nur in Äußerlichkeiten, in Folklore erschöpfen, das steht fest.

Die Suche nach Wurzeln

Mitte des 19. Jahrhunderts wurde das Wort Heimat vor allem als geografische Angabe verwendet. Im Deutschen Wörterbuch der Brüder Grimm von 1877 wird der Begriff so umrissen: »das land oder auch nur der landstrich, in dem man geboren ist oder bleibenden aufenthalt hat«. Spannend, dass damals die Geburt an sich noch mit keinem bleibenden Aufenthaltsrecht verbunden war. Und wer kein Heimatrecht hatte, war nicht nur heimatlos, sondern auch grundsätzlich weniger privilegiert. Wer keinen Besitz vorzuweisen hatte, dem wurde zum Beispiel das Recht verwehrt, zu heiraten.

Ende des 19. Jahrhunderts wandelte sich im Zuge der fortschreitenden Industrialisierung, die große gesellschaftliche Veränderungen mit sich brachte, das Bild. Während immer mehr Menschen in Fabriken Arbeit fanden und deshalb vom Land in die Großstädte zogen, wurde der Begriff Heimat auf eine ganz neue Weise emotional stark aufgeladen. Man brachte ihn mit der verloren gegangenen Geborgenheit, dem Verlust bäuerlicher Strukturen auf dem Land in Zusammenhang. Es entstand auf diese Weise eine regelrechte Heimatbewegung, während es auf der anderen Seite zu einer zunehmenden Verelendung der Arbeiter in den Städten kam. Es war eine Zeit der Umbrüche und Aufbrüche. Starre Strukturen wie die Ständeordnung lösten sich auf. Einerseits hatten sie jahrelang wichtige Entwicklungen verhindert, andererseits verloren damit auch bestehende Systeme und die Menschen, die sie lebten, ihren Halt. Die neu entstehende Heimatbewegung ist deshalb sicherlich auch als eine Gegenbewegung zur Moderne und zum Fortschrittsglauben zu verstehen. Man trauerte der »guten alten Zeit« nach und verklärte das Landleben, das lange Zeit kulturprägend gewesen war. Tatsächlich ist damals vieles dauerhaft verschwunden und Wissen verloren gegangen.

Natürlich blieb auch in der Landwirtschaft die Zeit nicht stehen. Ochsengespanne und Leiterwagen wurden nach und nach durch Traktoren und motorgetriebene Lastwagen ersetzt. Dreschmaschinen ersetzten die mühselige Handarbeit bei der Verarbeitung des Korns, und moderne Saat- und Düngemittel brachten bislang nicht gekannte Erntemengen. Dennoch galt lange Zeit die Landwirtschaft als etwas »Ursprüngliches« im Vergleich zu den großen Industriebetrieben in den Städten.

Natürlich hatte die harte Arbeit auf einem Bauernhof wenig mit dem romantisch verklärten Bild zu tun, das sich manche davon machen. Überhaupt ist es ja so, dass die Erinnerung manches glättet und in einem schöneren Licht darstellt, als es die Realität hergibt. Dies gilt sowohl für die Erinnerungen an unsere eigene Kindheit als auch mit Blick auf die historischen Gegebenheiten in Sachen »Landwirtschaft«.

Wir neigen dazu, immer dann über die Heimat zu reden, wenn wir meinen, sie verloren zu haben – oder dass dies zumindest droht. Auch heute gibt es so etwas wie ein kollektives Entwurzelungsgefühl. Das zeigt die Heftigkeit der Debatte zum Thema Flüchtlinge.

Und ich frage mich: Ist die »Rückzug in den Wald«-Bewegung nicht auch von unserer Sehnsucht nach Heimat bestimmt? Wenn man die Erfolge von Büchern mit dem Titel »Das geheime Leben der Bäume« oder Zeitschriften wie »Walden« sieht, könnte man meinen, man sei im 19. Jahrhundert oder man hätte sich in einem Gemälde von Caspar David Friedrich verlaufen.

Es sind ja immer wieder Gegenbewegungen. Wir haben genug von all der Technik, der Dauerbefeuerung mit Nachrichten. Das Pendel schwingt zurück. Wir wünschen uns die heilsame Kraft der Natur. Und man freut sich an Bildern, die das Leben auf dem Land zeigen, während man selbst gerade mit der U-Bahn durch die Stadt braust. Omas Apfelkuchen backen. Dinge selbst machen. Mit der Hand schreiben (neudeutsch »Handlettering«) – das kommt alles wieder.

Raum der Geborgenheit

Heilsame Räume. Die brauchen wir. Das Chorgebet ist für mich ein wichtiges Stück Heimat. Die Regelmäßigkeit, über Jahre und Jahrzehnte, das schafft einen Raum der Geborgenheit und der Stärke. Wenn ich mich im Flieger angeschnallt habe und mit diesen alten Gebeten und Psalmen beginne, die jeden Tag überall jeweils gleich gebetet werden, dann stellt sich bei mir eine große Ruhe ein.

Überall auf der Welt kann ich das Chorgebet mit meinen Brüdern und Schwestern beten, wenn ich in deren Klöstern zu Gast bin. Und ich fühle mich dann, egal wo ich bin, ob in Korea, in Australien oder in Nordamerika, sofort zu Hause. Ja, überall dort, wo ich die Gegenwart Christi feiere, da ist Heimat, ein Zuhause.

Es gibt Lieder und Melodien, die uns derart tief berühren, dass dieses intensive Erleben, das starke Gefühl zeitlebens bleiben. Wann immer die Melodie erklingt, wann immer ich den Vers vor mich hin sage, ist es wieder da.

Das Lied »Heimat, deine Sterne«, das ist für mich so eine Erinnerung. Mein Vater sang es immer wieder, wenn er abends auf dem Tisch saß und Hosen flickte oder Röcke weiter machte.

Heimat, deine Sterne,
sie strahlen mir auch am fernen Ort.
Was sie sagen, deute ich ja so gerne
als der Liebe zärtliches Losungswort.
Schöne Abendstunde,
der Himmel ist wie ein Diamant.
Tausend Sterne stehen in weiter Runde,
von der Liebsten freundlich mir zugesandt.

Berge und Buchten, vom Nordlicht umglänzt,
Golfe des Südens, von Reben begrenzt.
Ost und West hab ich durchmessen,
doch die Heimat nicht vergessen.
Hörst du mein Lied in der Ferne.

Heimat. Heimat, deine Sterne,
sie strahlen mir auch am fernen Ort.
Was sie sagen, deute ich ja so gerne
als der Liebe zärtliches Losungswort.
Schöne Abendstunde,
der Himmel ist wie ein Diamant.
Tausend Sterne stehen in weiter Runde,
von der Liebsten freundlich mir zugesandt.
In der Ferne träum ich vom Heimatland.

Das Lied entstand ungefähr zu der Zeit, als ich geboren wurde.

Erich Knauf (Text) und Werner Bochmann (Melodie) haben es für den Film *Quax der Bruchpilot* geschrieben. Viele Sänger haben den Text im Laufe der Zeit neu interpretiert, über Jahrzehnte hinweg. Unter anderem auch Freddy Quinn, Heino und Bruce Low. Anscheinend hat es mehrere Generationen von Menschen immer wieder aufs Neue berührt, diesen Text zu hören.

Ist das Lied, ist der Text Kitsch? Für viele schon. Aber es ist auch schön …

Professor Helmut Thielecke berichtet in seinem Buch »Leiden an der Kirche«, dass er nach dem Krieg mit seinen Studenten öfter die Heimatvertriebenen besuchte. Zum Abschied durften sich diese Menschen jeweils ein Lied wünschen, und immer wieder wollten sie »So nimm denn meine Hände und führe mich« singen. Für die Studenten war es Kitsch, Thielecke aber verdeutlichte ihnen, dass es für die Schlesier die Erinnerung an ihre Heimat war.

Ich denke auch an das Lied »Herr, deine Liebe ist wie Gras und Ufer, wie Wind und Weite und wie ein Zuhaus …«. Eine ganze Generation ist mit diesem wunderbaren Kirchenlied in den 70er-Jahren groß geworden.

Wo heute noch viel gesungen wird, das ist die Kirche. Und natürlich auch in den Gesangsvereinen. Oft singt man dort gerade die alten Volkslieder.

Volkslieder, die zum Beispiel den Jahreslauf beschreiben – das Säen, das Ernten, das Feiern der Schöpfung. Oder die eine Heimatkultur besingen und schildern, wie das Leben unserer Vorfahren Gestalt gewonnen hat.

Lieder können unheimlich starke Emotionen auslösen. Der spätere Bundespräsident Walter Scheel war im Dezember 1973, damals noch als deutscher Außenminister, bei einer ZDF-Sendung mit Wim Thoelke aufgetreten. Er sang das schwungvolle Volkslied »Hoch auf dem gelben Wagen« – und löste damit Begeisterung aus. Die Aufnahme des Liedes schaffte es im Januar 1974 sogar bis auf Platz fünf der deutschen Charts. Mit den Einnahmen wurde die »Aktion Sorgenkind« (heute »Aktion Mensch«) unterstützt.

Walter Scheel war als Politiker an wichtigen Entwicklungen und Entscheidungen beteiligt, die die Bundesrepublik noch jahrzehntelang prägten.

Aber im Gedächtnis geblieben ist vielen sein musikalischer Auftritt, der ihn einfach unglaublich sympathisch machte. An seine Reden erinnert man sich jedenfalls nicht mehr.

Heimat ist auch ein Gefühl – und die Musik, die trägt das. Die Melodien, die Texte; altes Liedgut. Es tut gut, miteinander zu singen. Auch die Fangesänge in den Stadien sind wichtig, denn die schaffen ein ganz starkes Zusammengehörigkeitsgefühl. Werte werden nicht bloß intellektuell vermittelt.

Es braucht die Emotion, die uns innerlich auflädt und

gelegentlich mitreißt, damit etwas haften bleibt, was dauerhaft Bestand hat.

Ein Sprichwort sagt: Wo man singt, da lass dich ruhig nieder.

Die Kraft von Traditionen und Symbolen

Mir ist aufgefallen, dass sich oftmals gerade die jungen Leute bei Volksfesten mit altem Brauchtum identifizieren. Trachtenverein, Musikverein, Heimatverein – das hat in bestimmten Regionen durchaus wieder Zulauf. Nicht nur rings um das Münchner Oktoberfest, sondern an vielen anderen Orten trägt man stolz ein Dirndl, Lederhosen, Trachtenjacken und Filzhüte. Man freut sich am Klang des Dialekts und tritt im traditionellen Gewand des Brauchtums ein Stück weit aus dem manchmal vermutlich ziemlich trost- und farblosen Alltag heraus. Bei Volksfesten spielen Blas- und Tanzkapellen auf, in Traditionsvereinen oder auch in Chören wird das Brauchtum gepflegt. Sicherlich ist die Intensität solchen Tuns von Region zu Region verschieden und die Situation in Bayern vermutlich eine Ausnahme. Aber es gibt auch andere Indikatoren, dass Heimat und Tradition eine zunehmend wichtigere Rolle spielen. Schon seit Jahren sind Heimatkrimis ein Trendthema, auch in Filmen werden Lokalkolorit und Brauchtum ins Licht gerückt. »Regionale Produkte« entwickeln sich zu Verkaufshits, weil die Käufer damit einfach ein gutes Gefühl haben.

Zu Kommunion und Firmung trägt man traditionelles Outfit, und auch in der kirchlichen Liturgie gibt es einen gewissen Trend, längst Beiseitegelegtes wieder hervorzuheben.

Auch wenn sich traditionelles Vereinsleben stark verändert hat und manche Rituale (zu Recht) als überkommen zur Seite geschoben werden, gibt es doch so etwas wie ein neues Aufleben mancher Traditionen. Man feiert in den Orten landauf, landab Backesfeste, die Apfelblüte oder die Traubenlese samt Krönung der Weinkönigin. Offenbar gibt es bei vielen eine Sehnsucht, durch solche Ausdrucksformen zum einen Glanz in den eigenen Alltag zu bringen und sich zum anderen auf die damit verbundenen Werte zurückzubesinnen. Danke zu sagen für eine gute Ernte, das Brot, die Trauben, den Wein. Und natürlich geht es sicherlich um ein Gemeinschaftsgefühl, das im Tragen einer bestimmten Kleidung seinen Ausdruck findet.

Stellen Sie sich einmal vor: Die Heimat- und Trachtenvereine verabschieden sich für immer – das würden dann sicherlich manche beklagen, die vorher auch nicht hingegangen sind. Das wäre doch jammerschade! Oder dass die CSU ihr traditionelles Jahrestreffen im nächsten Jahr nicht mehr im Kloster Seeon, sondern in irgendeiner Kongresshalle am Rande von München veranstaltet. Wenn man auf der Wies'n ab sofort auch ohne Lederhose und Dirndl auftauchen könnte und stattdessen bunte Hüte als Erkennungszeichen des Oktoberfestlers getragen würden.

Da würde doch etwas fehlen, oder? Denn wir brauchen die Formen, Symbole und Bilder – nicht umsonst reden wir von einer Kulturlandschaft.

Ich bin gerne in historischen Räumen. Die atmen ein besonderes Flair. Und auch alte Möbel bringen ein bestimmtes Lebensgefühl in unseren Alltag: Ich umgebe mich mit Dingen, ich wohne in Möbeln, die Bestand haben, auch über Generationen hinweg. Für das Kloster habe ich einen schönen Rokokoschrank restaurieren lassen.

Auch der Jugendstil wird wieder geschätzt. In den 1960er-Jahren hat man die Gebäude abgerissen und die ollen Möbel zerhackt. Keiner konnte mit ihrem Charme etwas anfangen. Das Neue sollte Raum bekommen. Später hat man oftmals bereut, dass man sich so leichtfertig von derartigen Dingen getrennt hat.

Traditionen schaffen einen Rahmen, in dem man sich wohlfühlen kann, wenn sie gelebt werden. Werte, die man von Generation zu Generation weitergibt, haben Bestand. Etwas Besonderes sein – und mich damit vom anderen unterscheiden. Das schafft Identität. Und es ist ein Stück gemeinsamer Geschichte.
Wo Leute sich von Tradition und Brauchtum begeistern lassen, sollten wir das unterstützen. Und das, was keinen mehr interessiert, das können wir getrost zur Seite legen. Wenn alle noch das Gefühl haben, das ist gut, es so zu tun, dann geht es weiter.

Manches verliert sich im Laufe der Zeit, Traditionen reißen ab. Sie haben sich schlicht überlebt, sie werden nicht mehr mit Leben gefüllt und deshalb auch nicht als sinnvoll empfunden. Manchmal muss natürlich auch das eine zu Ende gehen, damit etwas Neues wachsen kann.

Müssten unsere Landesregierungen nicht noch viel stärker darauf achten, dass gute Traditionen gepflegt und Vereine, die sich um die Brauchtumspflege kümmern, unterstützt werden? Ich stelle immer wieder fest: Der Staat schafft es leider irgendwie nicht mehr, Werte richtig zu vermitteln.

Eigentlich muss das die Familie leisten. Aber wie ist es um die bestellt? Herrscht nicht vielerorts auch hier eine tiefe Unsicherheit, wer welche Rolle zu übernehmen und

Ideale zu vermitteln hat? Schulleiter und Lehrer berichten jedenfalls immer wieder unisono, dass die Eltern nicht nur ihre Kinder morgens an der Schulpforte absetzen, sondern auch gerne ihre Erziehungsaufgabe an die Schule abgeben.

Die Welt kennenlernen

Menschen sind zu allen Zeiten aus ihrer Heimat ausgezogen. Aufgebrochen in ein neues Land, nach Amerika, Australien, Neuseeland – weil sie zu Hause nicht viel hielt. Oftmals weil wirtschaftliche Not herrschte und man hoffte, an anderer Stelle das Glück zu finden. Manche haben auf Dauer eine neue Heimat gefunden.

Der Arbeiterdichter Heinrich Schacht (1817–1863) schrieb 1855 folgenden Liedtext mit der Überschrift

»Die deutschen Auswanderer«:

Ein stolzes Schiff zieht langsam durch die Wellen,
Es führt uns uns're deutschen Brüder fort,
Die Flagge weht, die weißen Segel schwellen,
Amerika ist der Bestimmungsort;
Auf dem Verdecke stehen bunte Reihen,
Dem Vaterland den Abschiedsgruß zu weihen.

Dort zieh'n sie hin, wer wagt es noch zu fragen:
Warum verlassen sie ihr Vaterland?
O Deutschland, Deutschland! kannst du es ertragen,
Daß deine Völker werden so verbannt?
Schaut her, ihr Landesväter, seht sie ziehen,
Seht eure schönsten Arbeitskräfte fliehen.

Wir stehen hier am heimatlichen Strande
Und blicken unsern deutschen Brüdern nach,
Nicht Hochmuth treibt sie aus dem Vaterlande,
Nein, Nahrungslosigkeit und Noth und Schmach.
So fliehen sie das Land, das sie geboren
Und haben sich ein fernes Grab erkoren.

Dort zieh'n sie hin auf wilden Meereswogen,
Arm kommen sie im fernen Welttheil an,
Und unter'm fremden, weiten Himmelsbogen
Erwartet sie ein neues Schicksal dann.
O Deutschland, Deutschland, kannst du ohne Grauen
Die Flucht der armen Landeskinder schauen?

Zum Glück ist die Zeit lange vorbei, in der Menschen auswandern *mussten*, um in Freiheit leben zu können oder überhaupt ein Auskommen zu haben.

Heute fahren viele junge Menschen nach dem Abitur nach Australien oder Neuseeland, weil sie die Welt kennenlernen wollen. Die meisten sind für ein ganzes Jahr von zu Hause fort. Sie arbeiten unterwegs, um alles zu finanzieren. Ich finde das ganz wunderbar – denn wer die Welt kennt, kann sich selbst am Ende besser verorten. Junge Menschen sollen selbstständig werden, zu einer eigenständigen Persönlichkeit. Und sie sollen neugierig bleiben. Alles mit wachem Verstand beurteilen und kritisch hinterfragen. Einige finden dabei irgendwo ihr großes Glück, etwas, was sie hält. Vielleicht die große Liebe. Andere kehren nach vielen Monaten voller guter Erlebnisse zurück. Und wieder andere haben vorzeitig Heimweh bekommen und sind umgekehrt. Sehr viele haben unterwegs Gastfreundschaft erfahren und fremde Kulturen schätzen gelernt.

Erwartungen

Inzwischen hört man in den meisten Ländern Europas und teilweise in der ganzen Welt ähnliche Musik, isst Hamburger und Pizza, trinkt deutsches Bier. Alles ist verfügbar – und nichts Besonderes mehr. Ein Teil von uns erwartet, dass wir im Urlaub das Gleiche auf den Tisch bekommen wie zu Hause.

Wir wollen überallhin reisen und uns dort so bewegen können, wie es unserer Vorstellung entspricht. Aber wenn Fremde bei uns zu Gast sind, dann erwarten wir, dass sie sich an unsere Kultur anpassen. In kurzen Hosen und im T-Shirt eine Kirche zu besichtigen, darin sehen viele kein Problem, egal wie die Sitten und Gebräuche vor Ort aussehen. Aber wenn bei uns jemand anders herumläuft, als wir es gewohnt sind, dann gefällt uns das überhaupt nicht.

Was viele nicht sehen: Wenn die Flüchtlinge bei uns ankommen, dann ist es für sie meist ein Kulturschock. Was das bedeutet, das merken wir erst, wenn wir irgendwann relativ einsam irgendwo im Ausland unterwegs sind. Zum Beispiel ohne Brieftasche, abends bei einbrechender Dunkelheit im Süden von Sizilien …

Als ich in Sant'Anselmo, direkt nach meiner Wahl als Abtprimas, alleine saß, da habe ich Einsamkeit gespürt. Vieles sah hübsch aus, die Aufgabe klang reizvoll – aber alles war fremd. Ich habe an die Worte des Psalms gedacht und mich gefühlt »wie ein einsamer Vogel auf dem Dach« (Ps 102,107).

In St. Ottilien musste vor vielen Jahren im Speisesaal ein neuer Fußboden verlegt werden. Wir hatten den Boden mit Terrakotta belegt, die Arbeiten waren leider schlecht ausgeführt worden. Wenn die Speisewagen darübergeschoben wurden, klackerte es furchtbar. Klack, klack, klack … Mitschuld hatte ich, denn ich hatte die Terrakotta-Fliesen selbst südlich von Florenz ausgesucht. Es wurde behauptet, dass sie nicht glatt genug seien. Sie waren nicht industriell gefertigt. Und es hieß, dies wäre der Grund.

Ich stand im Speisesaal, als unser Schreiner vorbeikam. Das war ein Perfektionist. Der hat am liebsten alles so geschreinert, dass es später aussah wie Kunststoff und nicht wie Holz. Dafür war die Arbeit am Ende zu makellos. Möglichst perfekt, glatt, alles mit Furnier veredelt, ja keine Astlöcher in der Fläche.

Ich war über das ganze Theater mit dem Bodenbelag zornig und habe laut gesagt: »Nichts klappt hier! Und am Ende bin ich an allem schuld. Der Boden wurde schlecht verlegt, aber mir schiebt man alles in die Schuhe, weil ich das Material ausgesucht habe!«

Da schaute mich unser Schreiner entgeistert an: »Nein, Vater Erzabt, nimm das bitte doch nicht so tragisch, wir schaffen doch zusammen, wir mögen dich doch.« Das ist die raue Herzlichkeit, die in solchen Momenten durchkommt.

Und ich spürte gleichzeitig: Ja, so war es. Als Oberer war ich in meiner Gemeinschaft in St. Ottilien geborgen. Für mich eine Heimat. In Sant'Anselmo musste das erst noch wachsen.

Bei uns in Deutschland muss ja alles ganz genau geplant werden. Auch die Hilfeleistungen. Deshalb fällt es uns nicht so leicht, eine herzliche, spontane Gastfreundschaft zu leben. Italiener haben eine ganz andere Spontaneität.

Irgendwann hatte ich den Gedanken, alle meine Gastpatres aus den unterschiedlichen Klöstern zu den Benediktinern nach Italien zu schicken, damit sie von diesen etwas über Gastfreundschaft lernen. Das haben wir dann auch in die Tat umgesetzt. Umgekehrt war es schwierig, in Italien Spenden für Sant'Anselmo in Rom einzuwerben. Denn wenn es daranging, die Kasse zu öffnen und etwas zu geben, dachte jeder zuerst an seine eigenen Bedürfnisse.

Als ich das erste Jahr in Sant'Anselmo in Rom war, fand ich alles noch unheimlich spannend und aufregend. Für mich ist es eine Freude zu sehen, wie die Regel Benedikts Menschen unterschiedlicher Kulturen zusammenbringt und gemeinsam arbeiten lässt. Im zweiten Jahr fiel mir dann auf, was eigentlich alles nicht passt. Da funktioniert vieles anders als in Deutschland – oder schlicht überhaupt nicht. Da wird manches wortreich verhandelt, aber nie begonnen.

Und als ich vor einer Weile zurück nach Deutschland kam, ging es mir ähnlich. Mein Gott, war da vieles anstrengend. Ich hatte gedacht, in Italien sei die Bürokratie überbordend, aber kommen Sie erst mal nach Deutschland! Was musste nicht alles mühsam geklärt werden. Da fehlte mir die südländische Art. Durch unseren Perfektionismus haben wir es uns schwer gemacht, stehen uns manchmal selbst im Weg. Das ist etwas echt Deutsches: Perfektionismus. Das ist ein Unterschied zwischen Nord und Süd. Unser Perfektionsstreben ist unsere Stärke – und Perfektionismus gleichzeitig auch unser Kreuz. Und unser Machbarkeitsdenken, dass wir fest davon überzeugt sind: Wir bringen es grundsätzlich hin. Wir schaffen alles, wenn wir nur wollen. Wenn wir es nur bis ins Detail und mit großem Einsatz betreiben, dann wird es am Ende gut werden. Dass dem leider nicht so ist, haben wir mittlerweile auch schon Hunderte Male bewiesen. Ich denke da nicht nur an den Berliner Flughafen. Wir glauben dennoch, durch Perfektion das Heil der Welt zu schaffen. Und dass wir es ganz allein schaffen – ohne Gott. Auch das ein Trugschluss. Schade, dass wir glauben, alles sei machbar. Und der Mensch bleibt auf der Strecke.

Immer schön Mensch bleiben! Leben und leben lassen. Was nicht heißt: Laisser-faire. Zu meinen, dass immer andere zuständig sind, das führt uns keinen Schritt weiter. Im Gegenteil.

WERTE UND WURZELN

Eine Reihe von moralischen Werten, die man die Grundtugenden nannte, entstand bereits in der Antike. Vier Begriffe, nach denen es sich zu leben lohnt, bezeichnete man als Kardinaltugenden *(virtutes cardinales)*. Das sind nicht die Tugenden der Kardinäle … *Cardo* ist im lateinischen die Türangel, der Dreh- und Angelpunkt. Der Kirchenvater Ambrosius von Mailand hat den Begriff im 4. Jahrhundert in seiner »Pflichtenlehre« erstmals verwendet. Dabei sind die vier Grundtugenden schon viel früher bekannt gewesen. Der griechische Dichter Aischylos erwähnt sie in seinem im Jahr 467 v. Chr. entstandenen Stück »Sieben gegen Theben«. Und es wird vermutet, dass sie schon im 6. Jahrhundert v. Chr. geläufig waren und in adeligen Kreisen verwendet wurden. Der Dichter charakterisiert den Seher Amphiaraos als tugendhaften Menschen, indem er ihn als verständig *(sóphron)*, gerecht *(díkaios)*, fromm *(eusebés)* und gut *(agathós)* bezeichnet. Dabei ist der Begriff gut im Sinne von tapfer *(andreios)* zu verstehen – das belegen viele Inschriften aus dieser Zeit. Später übernahm Platon die vier Begriffe in seinen Schriften, durch ihn und seine Zeitgenossen erlangten sie Bekanntheit und große Verbreitung. Denn in der von Platon gegründeten Akademie wurden die Tugenden als

Grundlagen der Ethik gelehrt. Platon spricht von der Besonnenheit, der Gerechtigkeit, der Tapferkeit und der Klugheit bzw. Weisheit – die er anstatt der Frömmigkeit verwendet.

Die vier Haupttugenden werden auch im Judentum gelehrt; sie erscheinen zweimal in der Septuaginta (d. h. »die Übersetzung der Siebzig«), auch Griechisches Altes Testament genannt. Dies ist die älteste durchgehende Übersetzung der hebräisch-aramäischen Bibel in die altgriechische Alltagssprache. Dort heißt es im Buch der Weisheit in Kapitel 8, Vers 7: »Wenn jemand Gerechtigkeit liebt, in ihren Mühen findet er die Tugenden. Denn sie lehrt Maß und Klugheit, Gerechtigkeit und Tapferkeit, die Tugenden, die im Leben der Menschen nützlicher sind als alles andere.« Und im 4. Buch der Makkabäer (1,18 u. 19) steht: »Der Weisheit Arten sind Klugheit, Gerechtigkeit, Starkmut und Mäßigung. Die Klugheit ist die trefflichste von allen; durch sie beherrscht ja die Vernunft die Triebe.«

Das 4. Buch der Makkabäer ist auch ein apokryphes Buch des Griechischen Alten Testaments. In vielen orthodoxen Kirchen erscheint es als eine Art Anhang zum Alten Testament, aber in unserer westlichen Bibel ist es nicht enthalten.

Auch Marcus Tullius Cicero vertrat die Lehre von den vier Haupttugenden und machte die römische Welt damit vertraut. In seiner Schrift »Über die Pflichten« nennt er ebenfalls folgende Tugenden: Gerechtigkeit, Mäßigung, Tapferkeit und Weisheit oder Klugheit. Und Thomas von Aquin schreibt: »Eine Tugend heißt Kardinal- bzw. Haupttugend, weil an ihr die anderen Tugenden befestigt sind wie die Tür in der Angel.« Dabei räumt er, wie viele andere, der Tugend der Klugheit den ersten Rang ein. Sie gilt als Maß der Gerechtigkeit, der Tapferkeit und der Mäßigung.

Später hielten die Kardinaltugenden Einzug in den Katechismus der katholischen Kirche. Dort wurden die vier Grundtugenden um drei weitere Begriffe ergänzt: Glaube, Hoffnung und Liebe. Diese drei Begriffe werden auch »göttliche Tugenden« genannt. In der Bibel heißt es: »Nun aber bleiben Glaube, Hoffnung, Liebe, diese drei, am größten jedoch unter ihnen ist die Liebe« (1. Korintherbrief 13,13).

Die Kombination der vier aus der Antike stammenden Begriffe Gerechtigkeit, Mäßigung, Tapferkeit und Weisheit mit den biblischen Grundgedanken »Glaube, Hoffnung und Liebe« sind bis heute kluge Maßstäbe, an denen man sein Leben ausrichten kann.

Im Katholischen Katechismus werden die sieben Kardinaltugenden den sieben Todsünden gegenübergestellt: Hochmut, Geiz, Wollust, Jähzorn, Völlerei, Neid und Faulheit.

Unsere Kultur

Was macht uns aus? Welche Tugenden schätzen wir? Zuverlässig, pünktlich, fleißig. Oder ein Wort, das gilt. Denn: Wo kommen wir hin, wenn auf niemanden mehr Verlass ist? Sprichwörter weisen uns den Weg, was gut und richtig ist. Zum Beispiel: »Ehrlich währt am längsten.« Oder: »Üb immer treu und Redlichkeit.« Und: »Lügen haben kurze Beine.«

Fragt man heute jemanden in unserem Kulturraum nach guten Werten, dann werden oft folgende genannt:

Ehrlichkeit, Fleiß, Verlässlichkeit, Treue, Pünktlichkeit, Höflichkeit, Gerechtigkeit, Sauberkeit, Ordnung und Aufrichtigkeit. All dies sind bürgerliche Tugenden, die auch Sekundärtugenden genannt werden. Sie gehen auf die sogenannten preußischen Tugenden zurück. Für Friedrich Wilhelm I., den Preußenkönig, waren Ordnung, Fleiß, Bescheidenheit und Gottesfürchtigkeit Leitmotive. Er verstand sich als moralisches Vorbild seiner Untertanen. So waren die Tugenden, die er propagierte, die Basis für seine Reformierung und Sanierung des Staatswesens.

Eine sogenannte Wertestudie aus dem Jahr 2011 hat aufgezeigt, dass die Tugenden Höflichkeit, Pünktlichkeit und Fleiß gegenüber früheren Umfragen an Bedeutung verloren haben. Fleiß und Ordnung empfinden nur fünf Prozent der befragten für sich als bedeutsam – Werte am Ende der Skala. Interessant auch, dass bei Politikern die Höflichkeit im Wertesystem nur eine untergeordnete Rolle spielt. Toleranz und Gerechtigkeit sind hingegen wichtiger geworden.

Vier von zehn Politikern gingen damals von einem Werteverlust aus. 32 Prozent meinten hingegen, Werte seien wichtiger geworden.

Politische und moralische Korrektheit haben für uns eine sehr große Bedeutung. Wenn einer lügt, wenn uns ein Politiker hintergeht oder betrügt, das verzeihen wir ihm nie. Ich denke unter anderem an die heftigen öffentlichen Auseinandersetzungen mit Christian Wulff oder Karl-Theodor zu Guttenberg, die letztlich zu deren Rücktritten führten.

Laut einer Umfrage der *Huffington Post* schätzen andere Länder an uns die Stabilität, die Sorgfalt und die deutsche Gemütlichkeit. Pünktlichkeit, Genauigkeit – das zeichnet uns oftmals aus. Das ist eine große Stärke. Zu wissen: Wenn ich eine deutsche Schraube irgendwo hineindrehe, dann bleibt die gerade – die chinesische nicht unbedingt.

Dass sich dann leider manches wieder in Schulmeisterei verliert, dem Drang, allen anderen etwas beibringen zu müssen – auch das ist typisch deutsch.

Begriffe wie Fleiß und Durchhaltevermögen bezeichnen wir als Sekundärtugenden. Und ja, sie müssen immer wieder auf Primärtugenden zurückgeführt werden. Denn wenn sich Wörter wie Durchhaltevermögen verselbstständigen, dann wird es ganz furchtbar. Weil dann die Menschlichkeit flöten geht. Ganz abgesehen von der Wirkung von Selbstgerechtigkeit.

Auch wenn Tugenden wie Pünktlichkeit und Disziplin nur für sich alleine stehen, ohne gleichzeitig Begriffe wie Barmherzigkeit und Gnade im Blick zu haben, wird es schnell gnadenlos.

Das Thema Tugenden ist zutiefst beeinflusst von unserem angeschlagenen Nationalgefühl. Dass man bestimmte Dinge seit dem Dritten Reich einfach nicht mehr sagen darf. Man hat einerseits persönliche Ideale und bestimmte Begriffe im Kopf – die darf man aber gar nicht verwenden. Und andererseits bleibt ein diffuses Gefühl: »Doch, das muss jetzt einmal gesagt werden.«

Es geht nicht darum, blauäugig tradierte Werte zu übernehmen. Wir müssen es durchdenken und klären. Wort für Wort. Begriff für Begriff. Es geht nicht um Unterordnung, sondern um Einordnung in eine bestehende Gesellschaft.

Immer wieder werden dabei althergebrachten Werten neue Namen gegeben. Zum Beispiel dem Begriff der Achtsamkeit. Das ist für mich der Respekt vor dem anderen. Die Zuwendung, der volle Respekt. Dabei geht es nicht um Unterwürfigkeit.

Ich bin aus Italien zurückgekommen und habe gedacht: Hier funktioniert auch einiges nicht mehr. Der Aufzug, der erst gründlich saniert und dann noch ein paarmal justiert und repariert wird, bevor er wirklich zu benutzen ist. Wir denken an den neuen Flughafen in Berlin, die explodierenden Baukosten für die Hamburger Elbphilharmonie oder die Bahntrasse München–Berlin. Und das bei Fachleuten! In einem nagelneuen Bauwerk werden Hunderte von Rissen entdeckt, die Elektronik der Entlüftungsanlage arbeitet von Anfang an nicht. Wo ist denn da die deutsche Gründlichkeit hingekommen, die Ingenieurskunst, die Verlässlichkeit? Vielleicht hängt es damit zusammen, dass wir alles überpräzisieren wollen – und dann verhaspeln wir uns dabei derart, dass am Ende nichts mehr geht.

Kann man die Entwicklungen umkehren? Es braucht auf jeden Fall eine Besinnung auf den Kern, auf das Wesentliche. Was macht uns aus? Was ist ehrliches Handwerk? Und was ist Pfusch?

Ich glaube schon, dass wir zu unseren Werten zurückfinden können. Aber wir haben leider hierzulande teilweise eine korrupte Gesellschaft. Es sieht so aus, als ob Korruption kein Vergehen mehr wäre. Auch in Deutschland. Das war mal anders. Wo kommt das her, dass bestimmte Tugenden keinen Wert mehr zu haben scheinen?

Erziehungsfragen

Es beginnt mit der Erziehung der Eltern, in den Kindergärten. Ich habe früh gelernt: Was du zugesagt hast, wird gemacht. Auch wenn es mühsam ist, wenn ich manchmal keine Lust habe – ich stehe dazu. Ich löffele die Suppe aus.

Familie ist der erste Ort, wo Werte vermittelt werden. Das setzt natürlich voraus, dass die Eltern selbst einmal Werte vermittelt bekommen haben – und dass die Familie in sich intakt ist. In manchen Fällen möchte ich zehn Jahre später noch einmal schauen, wie die Sache gelaufen ist. Manche Familien ziehen mit ihren Kindern aufs Land, damit sie mit einem anderen Leben in Berührung kommen. Da werden andere Werte geprägt.

In anderen Ländern gibt es so etwas wie einen »Staatskundlichen Unterricht«. Auch in unseren Breiten gab es so etwas früher – aber nun schon lange nicht mehr. Sicherlich wird irgendwann in der Schule über Werte gesprochen. Aber wie konkret, in welcher Jahrgangsstufe und mit welchem Hintergrund?

Vermutlich wird das Thema am ehesten im Religionsunterricht oder im Fach Ethik behandelt.

Der Pädagoge Bernhard Bueb, ehemaliger Schulleiter des Elite-Internats Schloss Salem, sagte schon vor über zehn Jahren in einem Interview: »Wir sprechen in Deutschland zu viel von Bildung und viel zu wenig von Erziehung. Was führt einen Menschen denn zu schulischem oder akademischem Erfolg? Es ist sein Selbstwertgefühl: dass er an sich glaubt, dass er wer ist. Und das ist eine Folge von richtiger Erziehung.« Und weiter: »Die großen Werte unserer Gesellschaft: Gerechtigkeit, Freiheit, Wahrheit. Aber auch die Sekundärtugenden wie Gehorsam, Pünktlichkeit und Ordnungssinn. Für sich genommen sind sie keine Werte, aber sie helfen uns, Gerechtigkeit, Freiheit und Wahrheit zu erlangen. Trotzdem werden sie in unserem Land abgelehnt oder sogar diffamiert … Wir sind seit dem Nationalsozialismus eine beschädigte Nation. Die Sekundärtugenden standen damals im Dienst einer unmenschlichen Idee. Die Studentenbewegung 1968 hat diesen Missbrauch angeklagt und mit ihrer Kritik gleich alles in Frage gestellt: Die Sekundärtugenden kamen grundsätzlich in Verruf.«[8]

»Ich weiß nicht mehr genau, wer ich eigentlich bin.« Das würde kaum einer so formulieren. Und doch haben viele genau dieses Gefühl. »Für was stehe ich denn?« Das haben viele nicht für sich zu Ende geklärt.

Natürlich liegt es auch an unserem Umgang miteinander, an einer Öffentlichkeit, die geradezu nach Fehlern sucht und sich daran freut, wenn man einem anderen ein Fehlverhalten nachweisen kann. Man wühlt in der Vergangenheit, um etwas zu finden. Jeder, der den Kopf hochstreckt und bereit ist, Verantwortung für sein Handeln zu übernehmen, der wird gnadenlos niedergemacht.

Das Schlimme ist, dass die meisten dann vor der Öffentlichkeit einknicken.

Da ist Haltung gefragt. Und es gibt leider nur wenige, die in Krisensituationen souverän entscheiden. Die zum Beispiel sagen: Ich bin der Präsident, ich entscheide. Es liegt in meiner Autorität. Ich trage auch die Verantwortung.

»Nach mir die Sintflut« – nein, so geht es einfach nicht. Ich möchte schon die Sache sauber hinterlassen. In Politikerkreisen versuchen viele, alles offenzulassen, damit man nicht auf eine Linie festgelegt werden kann. Alles wird weichgespült. Da kommen viele unserer Probleme her. Ja, bloß keine Klarheit, keinem wehtun.

Eigenverantwortung muss sein. Auch mit Blick auf internationale Entwicklungen. Und durch weiteren technischen Fortschritt, wie die künstliche Intelligenz, wird die Verantwortung des Einzelnen zunehmen. Was mache ich dabei noch mit – und was nicht? Wo muss ich Nein sagen?

Jeder hat in einer Gesellschaft auch eine Bringschuld. Aber das ist vielen leider überhaupt nicht bewusst. Für alles ist der Staat zuständig. Ich bin nie schuld. Für alles tragen andere die Verantwortung. Deshalb sind wir auch nicht kompromissfähig. Denn dann müssen vermutlich beide Seiten zurückstecken. Aber nur so kommen beide weiter!

Wir glauben immer noch, dass der Staat alle Probleme für uns lösen kann. Was für ein Irrglaube! Wo steht denn geschrieben, dass es ein Recht auf ein bequemes Leben und vier Wochen Urlaub im Jahr gibt? Wir sind geradezu süchtig nach einem übermächtigen Wohlfahrtsstaat, der sich um alles kümmert! Doch das ist der falsche Weg. Wir selbst müssen aktiv werden, wenn es gilt, die Zukunft zu gestalten. Der Mensch ist veranlagt wie ein Muskel. Wenn er nicht stetig beansprucht wird, verkümmert er.

Angela Merkel hat mir imponiert, als sie mit Blick auf die Herausforderungen einer stetig wachsenden Zahl von Flüchtlingen, die sich auf den Weg nach Deutschland machten, sagte: »Wir schaffen das.« Und auch, wenn sie in Diskussionen sagte: »Diese Position ist alternativlos.« Dieselbe Klarheit, mit der Gerhard Schröder früher »Basta« sagte.

Manchmal habe ich auf meinen Reisen in riesigen Städten wie Hongkong hinter den geschlossenen Fenstern kleine Kinder gesehen, wie sie da standen und auf die Straße schauten, auf der der Verkehr tobte. Und dann habe ich gedacht: Wie die sich wohl gerade fühlen? Ob sie sich dort, wo sie gerade sind, zu Hause fühlen, Heimat haben? Vielleicht finden sie, das hoffe ich zumindest, doch irgendwo einen Raum, an dem sie sich wohlfühlen. Den Kindergarten, die Schule, Menschen, die ihnen etwas bedeuten.

Wenn ich von meinem Fenster auf den Weiher schaue, sehe ich die kleinen Enten umherschwimmen und merke, wie sie von ihren Eltern geprägt werden.

Verbindlichkeit

Nicht nur die Flüchtlinge, die bei uns stranden, sind heimatlos. Wir selbst sind es oftmals auch. Fremd in der eigenen Heimat. Weil wir unsere Wurzeln verloren haben.

Ich besitze zum Glück einen anderen Anker. Das ist mein Mönchsein. Und ich habe einige unverrückbare Werte, auf denen ich beharre. Wenn man so etwas vertritt, dann gilt man sofort als konservativ. Ich muss dann meinem Gegenüber klarmachen, dass es mir nicht um Prinzipien geht, sondern immer um den Menschen. Ich habe an diesem Punkt reichlich dazulernen müssen. Früher wollte ich auch den Schwerenötern gerecht werden. Aber wie werde ich jemandem wirklich gerecht? Wenn man dem einen etwas durchgehen lässt, schädigt man die anderen. Die absolute Gerechtigkeit gibt es nicht. Und die Freiheit des einen beschränkt immer die Freiheit des anderen.

Verbindlichkeit, die braucht es. Es gibt die Leute, die immer wieder für ein Kloster auf Zeit plädieren. Aber ich setze auf eine kleine Gruppe von Menschen, die es durchtragen. Einzelne, die mit ihrem Einsatz und ihrer Begeisterung das Gästehaus des Klosters tragen. Sonst ist die eigentliche Gemeinschaft überfordert.

Die benediktinische Konföderation ist ein gutes Beispiel, wie das Miteinander gänzlich verschiedener Kulturkreise gelingen kann.

Papst Leo XIII. wollte uns zusammenbinden zu einem richtigen Orden. Aber die Äbte haben ihm klargemacht: Bei uns tritt man nicht in den Orden ein, sondern in ein Kloster. Das ist genau die Verbindlichkeit, die wir brauchen. *Stabilitas loci* – die Ortsgebundenheit.

Man tritt an einem bestimmten Ort ein. Klosterverbände, Kongregationen, die es seit dem Mittelalter gibt, sind nur gegründet worden, um sicherzustellen, dass es einheitliche Grundlinien gibt. Die Konföderation als Zusammenschluss der Kongregationen hat keine juristische Bedeutung, keine Macht, keine Hierarchie, keine Restriktionen, die der Mann an der Spitze aussprechen kann. Ich konnte als Abtprimas nur durch meine persönliche Ausstrahlung und Autorität handeln – und das Erstaunliche ist: Es funktioniert. In dem Moment, in dem ich keine Machtgelüste habe, geht es. Das ist die Macht der Machtlosigkeit.

Wenn Politiker davon sprechen, die deutsche Leitkultur stärken zu wollen, verstehe ich nie, was die uns eigentlich sagen wollen. Zuletzt ging es mir bei einer Rede von Horst Seehofer so. Meist bleibt es leider bei allgemeinen Aussagen.

Mich ärgert der Ausdruck Leitkultur furchtbar. Weil

er eine Worthülse ist, die selten mit Inhalt gefüllt wird, wenn davon die Rede ist! Entweder haben wir eine Kultur – oder wir haben keine. Leitkultur, damit kann ich nichts anfangen. Der Begriff gefällt mir auch deshalb nicht, weil mich der Name an »Leithammel« erinnert. Ein echter Autoritätsbegriff.

Bassam Tibi hat den Begriff der Leitkultur vor gut 20 Jahren eingeführt. Als 16-Jähriger ist er aus Syrien geflohen und heute Professor für Internationales Recht. Durch einige Buchveröffentlichungen und Medienauftritte wurde er vor allem in Deutschland als Experte für die Arabische Welt bekannt. Interessant: Die deutsche Flüchtlingspolitik kritisiert er als konzeptlos.

Ein einheitliches, stilprägendes deutsches Wertesystem, eine kulturelle Grundordnung – all das, was manche mit dem Schlagwort Leitkultur meinen, gibt es für mich nicht. Aber ich sehe durchaus eine bestimmte Art deutscher Kultur, die die Menschen prägen kann. Jedoch variiert sie von Landstrich zu Landstrich.

Was gehört dazu? Musik, Literatur, Kunst – die Lederhose und das Singen?

Jeder hat andere Bilder im Kopf. Für den Bergbau-Arbeiter aus dem Ruhrgebiet ist mit dem Begriff Leitkultur vielleicht die sozialistisch geprägte Arbeiterbewegung als Solidargemeinschaft verbunden. Die ist mit dem Niedergang des Bergbaus weitgehend verschwunden. Und für den CSU-Wähler aus dem Allgäu schwingen bei der Leitkultur die Wallfahrt, der Stammtisch und das Kruzifix mit. Wenn ich überhaupt von deutscher »Leitkultur« spreche, dann gilt das auch für die Deutschen und nicht nur für Ausländer. Genauso ist es, wenn ich von Barmherzigkeit spreche, dann muss sie auch für alle gelten. Für Deutsche und für Ausländer.

Wir schauen ängstlich auf die Gewalt, die von bestimmten Gruppierungen ausgeht. Jungen Migranten, die mit sich und ihrer Zeit nichts anzufangen wissen. Aber wir müssen uns auch eingestehen: Die Krawalle in Hamburg beim G-8-Gipfel, das waren großteils Deutsche. Die Hooligans in Leipzig, die Chaoten bei Fußballspielen – das sind großteils ebenfalls Deutsche.

Wir haben das Ideal eines zeitlosen Deutschtums – und das gibt es nicht. Kultur ist immer etwas Dynamisches, etwas, was sich weiterentwickelt. Und jetzt wird es erst recht schwierig.

Die Art, sich zu grüßen, dass man sich die Hand gibt, die Gleichstellung von Mann und Frau, die ganze Art zu leben – das haben wir von Kind auf gelernt.

Um eine eigene Kulturdefinition zu finden, hilft es, wenn wir die anderen Länder dagegenhalten.

Das »Christliche Abendland«

Immer wieder ist auch die Rede davon, dass wir das »Christliche Abendland« und seine Werte verteidigen sollten. Aber um was geht es dabei eigentlich? Wer kann den Begriff mit Leben füllen?

Rechte Parteien wie die AfD schlagen jedenfalls vor allem aus der Angst vor Überfremdung politisches Kapital. Die bürgerliche Mitte ist stark verunsichert.

Was macht uns eigentlich aus? Bei der AfD habe ich wirklich einmal im Parteiprogramm nachgesehen, was dort zum Thema Christliches Abendland zu finden ist. Aber da steht überhaupt nichts Konkretes drin! Und ich höre vonseiten der AfD auch gar nichts Konkretes, was man eigentlich umsetzen will, wenn man die Mehrheit hat.

Das sogenannte Christliche Abendland hat unter anderem zwei Weltkriege vom Zaun gebrochen. Wenn man vom Evangelium kommt, war das Christliche Abendland nie wirklich christlich. Das Thema beschäftigt mich immer wieder.

Die Journalistin Jana Hensel schreibt in DIE ZEIT: »Die AfD wettert gegen die Kirchen und inszeniert sich dennoch als Hüterin der christlichen Werte. Das geht nur, weil kaum jemand mit diesen Werten etwas anfangen kann. Es ist Zeit, unsere Ethik vor der Vereinnahmung zu schützen ... Wem gehört das Abendland? ... Wer darf über unsere christlichen Werte sprechen, wer darf entscheiden, wie sie definiert werden? Das Abendland ist schon lange eine Lieblingsvokabel der Rechten, ein Kampfbegriff von hoher Attraktivität und großer Ausstrahlung. Die christlich-abendländische Leitkultur, wie die AfD sie handhaben und verstanden wissen möchte, ist ein antihumanistisches Dominanzprinzip, ein Ausschlussverfahren. Sie wird als ein gut klingendes Vehikel missbraucht, um nationalistische Politik zu legitimieren, die ausschließlich für jene da sein will, die deutsche Wurzeln haben, einem traditionellen Familienbild folgen und die Idee eines geeinten Europas ablehnen.«[9]

Was gehört eigentlich zu Deutschland? Und was gehört nicht dazu?

Können wir überhaupt stolz sein – und wenn ja, auf was?

Diese Fragen kommen immer wieder neu auf. Und es braucht in diesen Punkten auch eine Klarheit.

Wir sind Teil eines demokratischen Staates. Die Bundeskanzlerin, der Bundespräsident, der Bundestag und vor allem unser Grundgesetz geben Werte und Richtung vor.

Machen Sie sich bewusst, wo Sie persönlich stehen. Was macht Heimat für Sie aus? Was würden Sie an Werten auf keinen Fall aufgeben?

Meine Werte – die sind mir etwas wert.

FRÜHER WAR ALLES BESSER

Ein ehemaliger Klosterverwalter sagte einmal zu mir: »Dieses Kloster ist auch nicht mehr das, in das ich einmal eingetreten bin.« Und ich habe ihm geantwortet: »Gott sei Dank, sonst wäre es ein Friedhof.«

Eine ältere Benediktinerin aus dem Kloster Eibingen beklagte in einem Zeitungsinterview, dass das Grüßen untereinander derart verflacht ist. Während man sich früher gegenseitig Respekt zollte, indem man im Vorbeigehen den Kopf senkte und sich mit einem leichten Nicken still grüßte, kommen ihr heute manche Mitschwestern mit einem fröhlichen »Moin« entgegen. Und genau diese Freiheit ist es, die im selben Interview die jüngste Mitschwester als Grund dafür angibt, dass sie sich in der Gemeinschaft so wohlfühlt. Und in der Tat – dies ist eines der wenigen Klöster, die derzeit guten Zulauf haben.

Was die eine als Abriss der Tradition beklagt, ist für die andere ein Grund zur Freude. Und so wird es bei vielen Traditionen sein.

Aber ich stelle immer wieder fest: Wir sind veränderungsresistent. Wir wollen keine Veränderungen haben, sondern den Status quo unbedingt erhalten. Und wir nennen das dann Kultur. In den 1950er-Jahren war die Welt nicht so in Ordnung, wie es uns manche oder unsere eigene Erinnerung immer wieder vorgaukeln wollen. Bei den Benediktinern saßen damals beim Chorgebet die Brüder unten in der Krypta und die Patres in der Oberkirche. Alles schön hierarchisch getrennt. Das will doch keiner zurückhaben. Oder denken Sie an die Rolle der Frau, die damals noch nicht einmal richtig geschäftsfähig war. In einem schweizerischen Kanton, in Appenzell, wurde das Wahlrecht für Frauen erst 1991 eingeführt!

Für manche geht es vor allem um die Tradition, die gemeinsame Geschichte, wenn sie an Deutschland und den Begriff Heimat denken. Sie denken dann an den Naumburger Dom, das alte Speyer oder das Heilige Römische Reich Deutscher Nation. Ganz so, als könne man Zukunft gewinnen, indem man die Traditionen erhält. Neuentwicklungen, auch neuen Stilrichtungen stehen viele eher kritisch gegenüber.

Hätten die Generationen vor uns ähnlich gehandelt und Neuentwicklungen verhindert, ständen wir heute nicht da, wo wir stehen.

Nicht wahrhaben wollen, dass die Welt sich ändert – das ist leider für viele die Basis ihres ideologischen Überbaus. Dabei ist Heimat doch kein feststehender Begriff, sondern eine sich verändernde Sichtweise auf Kultur, Religion und Tradition. Heimat ist immer einer Wandlung unterworfen und stellt sich den Menschen zu verschiedenen Zeiten auch anders dar. Wenn ich meine Heimat wirklich erleben will, dann muss ich in Kontakt bleiben mit der jetzigen Generation und mit den nachfolgenden Generationen. Familie spielt dabei eine ganz wichtige Rolle.

Die Jugendlichen von heute haben eine ganz andere Vorstellung von der Welt und ihren Zusammenhängen als ich Anfang der 50er-Jahre.

Man kann die Entwicklungen nicht zurückdrehen. Damals gab es die meisten technischen Geräte, mit denen Jugendliche heute ihren Alltag gestalten, überhaupt noch nicht. Und auch keinen derart ausgeprägten Wohlstand – wir hatten mit den Auswirkungen und Nachwehen eines schrecklichen Kriegs zu kämpfen.

Die sogenannte gute alte Zeit war in der Regel überhaupt nicht wirklich gut.

Vor 500 Jahren gab es vielerorts noch den Lehensherrn und seine Knechte. Wer will sich auf diese Zeit zurückbesinnen und so noch einmal leben?

Mit Blick auf unser Kloster reicht es schon, 100 Jahre zurückzugehen. Wenn ich daran denke, wie es in den Anfangsjahren der Gründer lief … Da hat der Prior jeden Freitag eine Besprechung einberufen und dann verkündet, wen er für welche Aufgabe ausgesucht und bestimmt hat: »In die Mission, da schicken wir den Bruder Friedhelm … und du, Bruder Martin, übernimmst folgende Aufgabe. Am kommenden Montag, da werdet ihr drei nach Afrika fahren.« Das wäre heute nicht mehr drin, dass da einer Weisungen ausgibt und die anderen, ohne zu murren, gehorchen. Da finden viele Gespräche statt, da wird gemeinsam überlegt, was dran ist und wen man fragen könnte. Und wenn einer die Aufgabe nicht übernehmen möchte, wird nach jemand anderem gesucht.

Sicherlich gab es früher viel weniger Diskussionen, was einerseits manches erleichtert hat. Aber andererseits gab es auch eine Menge Kollateralschäden, Enttäuschungen und Verletzungen.

Wir neigen dazu, alles prinzipiell zu machen. Aber das bringt nichts. Wenn ich jemanden für eine bestimmte Aufgabe einsetzen möchte, dann muss dieser eine gewisse Portion Begeisterung mitbringen. Es reicht nicht, ihn zu überreden. Man soll den Hund nicht zum Jagen tragen.

Martin Walser schrieb Ende der 1960er-Jahre: »Heimat, das ist sicher der schönste Name für Zurückgebliebenheit.« Trifft dies den Kern?

Wenn jemand stirbt und wir seinen Nachlass sichten, stoßen wir oft auf Dinge, die uns seit jeher vertraut waren. Die wir mit der Person verbinden. Gegenstände, die ihr oder ihm wichtig waren. Ein alter Krug, ein Bild, ein Buch, ein Sofakissen, eine geschnitzte Figur. Manches heben wir dann bewusst auf, weil es uns an denjenigen erinnert, der nicht mehr ist. Aber irgendwann, in der nächsten Generation, wird man sich vielleicht doch davon trennen. Keiner weiß mehr etwas damit anzufangen. Keiner kennt die Bedeutung. So legt man es zur Seite. Und man kann dies auch getrost tun – in der Gewissheit: Das hat seinen Dienst getan.

Es gab eine Zeit nach dem Zweiten Vatikanischen Konzil, in der man den Habit der Mönche abschaffen wollte. Er schien nicht mehr zeitgemäß zu sein, vielleicht wollte man damit auch nicht in der Öffentlichkeit erkannt werden. Aber das ging zum Glück vorbei, und die Tradition blieb, bis heute. Meine Kleidung ist für mich ein Stück »Heimat«, der Habit der Mönche ein Ausdruck unserer Kultur.

Der Habit schafft Einheit, auch eine soziale Einheit. Wir tragen unser Gewand zum Teil bei der Arbeit, wenn es dafür nicht unpraktisch ist. Wir tragen den Habit, wenn wir als Gemeinschaft zusammenkommen, auch zum Essen. Und unsere Alten kommen so immer sauber daher – einschließlich mir.

Wir haben hier im Kloster Dinge, die schon 130 Jahre alt sind. Die Benediktsregel ist natürlich deutlich älter. Meinem Nachfolger in St. Ottilien, Abt Jeremias, habe ich gesagt: »Du kannst alle meine heiligen Kühe schlachten. Denn es muss weitergehen. Und es geht nur weiter, wenn sich die Dinge verändern.« Abt Jeremias ist für die ganze Kongregation der Missionsbenediktiner verantwortlich und oft unterwegs. Derzeit ist er in Indien. Erzabt Wolfgang ist für das Kloster St. Ottilien zuständig und auch mehr vor Ort. Nach meiner Zeit wurden die beiden Aufgaben getrennt – ich hatte damals noch eine Doppelrolle.

Aber es ist natürlich auch nicht immer einfach, wenn man dann zusieht, wie die Dinge, die einem wichtig waren, plötzlich anders laufen. Wenn die heiligen Kühe tatsächlich geschlachtet werden … Doch ich trauere den Dingen nie lange nach. Wenn etwas weg ist, dann ist es so.

DIE WELT VERÄNDERT SICH

Globalisierung – das ist für die einen ein Heilsverspre-chen und für andere ein Schreckgespenst. Die Idee ist per se gut: Die Welt rückt enger zusammen, wir stehen füreinander ein, jeder soll Zugang zu den wichtigsten Ressourcen haben. Wir produzieren dort, wo es am günstigsten ist, und liefern es an jede Stelle der Welt, dorthin, wo gerade Nachfrage besteht. Ja, und an dieser Stelle kommt die erste Einschränkung: Nein, nicht überallhin, sondern nur dorthin, wo das alles auch richtig gut bezahlt werden kann. Das ist der Haken. Denn letztlich geht es vor allem darum, dass einige wenige davon profitieren, dass plötzlich alles möglich scheint. Der Begriff ist vor allem für eine bestimmte Schicht in der Wirtschaft spannend ... Und wir stehen im Widerspruch, dass wir uns einerseits die Globalisierung wünschen, weil wir sie mit Blick auf die Wirtschaft und den Tourismus brauchen – und andererseits auch darunter leiden. Globalisierung ist für viele zu einem Begriff geworden, der nicht nur für grenzenlosen Fortschritt und Wachstum steht, sondern auch für grenzenlose Ausbeutung und Vergeudung wertvoller Ressourcen.

Und es geht, wenn wir von Globalisierung reden, natürlich nicht nur um Wirtschaftskraft, Effektivität und Zukunftssicherung, sondern auch um das Verwischen von Grenzen. Mehr noch: Grenzen fallen ganz weg. Dort, wo sie fehlen, schwindet zuweilen auch das Gefühl der Sicherheit. Und das kann uns ganz schön Angst machen.

Der Mensch braucht Grenzen – und die muss er sehen können, auch um zu spüren, dass er in Sicherheit ist, wenn er sie nicht übertritt. Wenn man um etwas einen Kreis zieht und weiß, da hinein gehöre ich, da habe ich Frieden. Nicht umsonst sprach man früher von einer »Umfriedung« oder »Einfriedung«. Ein mit einem Zaun oder einer Hecke begrenztes Gelände, das man nur durch ein Tor oder eine Schranke betreten konnte. Es war umfriedet, eingefriedet. Derart geschützt, hatte der Besitzer hoffentlich auch seinen inneren Frieden damit …

Heimat ist der Ort, an dem wir uns in besonderer Weise wohlfühlen, den wir am besten kennen. Gleichzeitig ist vieles in Bewegung gekommen, was der Einzelne kaum noch überschauen kann. Und ich bin mir sicher: In der Globalisierung verlieren wir uns, wenn wir nicht gleichzeitig eine Verortung in einer Region, einer Heimat haben.

Wir können nahezu überall in Europa Ähnliches erleben – die gleiche Kleidung kaufen, das Gleiche essen, die gleichen Autos fahren, dieselbe Musik hören. Das ist einerseits irgendwie schön, weil man sich unterwegs kaum umgewöhnen muss. Andererseits verliert sich so auch eine kulturelle Prägung, wenn irgendwie alles überall gleich ist oder sich zumindest stark ähnelt. Wir entfremden uns von unserer eigenen Kultur.

Was wir brauchen, ist die Überschaubarkeit, das schafft Sicherheit.

Kleine, überschaubare Räume, in denen wir uns wohlfühlen. Damit verbinden wir den Begriff Heimat. Zum

Beispiel Stadtviertel, die einigermaßen funktionieren. In denen man gemeinsame Feste feiert, seine Nachbarn trifft, einander hilft.

Wo verlaufen kulturelle Grenzen in Deutschland?

Einst von regionalen Fürsten willkürlich gezogen, oder von den alliierten Truppen nach dem Zweiten Weltkrieg festgelegt, sind es oftmals nicht die Grenzen zwischen Bundesländern, die uns wichtig sind, sondern es gibt noch andere Merkmale, die uns verbinden. Regionale Bräuche und Traditionen, über die Grenzen von Bundesländern hinweg.

Aber eines ist dennoch klar: Wir sind erst einmal Bayern, dann Deutsche.

Wenn Menschen sagen: Ich bin Berliner, Nordhesse, Franke, Bayer, Schwabe oder Ostwestfale, dann geht es nie nur um eine Ortsbeschreibung, es geht immer um eine Beheimatung als eine Form der Selbstvergewisserung. Gut, dass ich zu dieser Gruppe von Menschen gehöre! Die Dialekte spielen übrigens in Deutschland eine viel größere Rolle als in anderen Ländern. Der Bayer versteht den Hamburger nicht, wenn er seinen Dialekt spricht – und umgekehrt.

Orientierung in Zeiten der Unsicherheit

Regionalisierung ist sicherlich ein Gegenpool zur Globalisierung. Wir kaufen Produkte, die wir schon als Kind geliebt haben. Produkte aus der Region, mit denen wir uns auskennen. Das gibt Sicherheit. Und die regionale Küche boomt.

Sollten wir keine Orientierung finden, werden wir unsicher, manche bekommen Angst. Und die ist immer ein schlechter Ratgeber.

Familie, Kirche und Partei, das Unternehmen, dem man ein Leben lang angehört, das alles vermittelt Sicherheit. Und wenn dies alles ins Wanken gerät, was ist dann noch stabil und auf Dauer tragfähig?

Den Umgang mit dem Begriff Heimat müssen wir jedenfalls erst wieder mit Leben füllen. Inwieweit die Schaffung eines Heimatministeriums dabei hilfreich ist, wird sich erst zeigen.

Mancherorts bröckelt das Bild einer Europäischen Union, weil starke Eigeninteressen der jeweiligen Länder der Einheit entgegenstehen. Es wäre schade, wenn wir das über Bord werfen, was eine ganze Generation getragen hat. Ich kann mir auch eine stärkere Einheit Europas vorstellen – nach dem Modell der Benediktiner. Dabei denke ich an ein Bündnis in der Art einer Föderation. Das Problem ist, dass in Europa lauter Zentralisten am Werk sind.

Viele haben ja auch Angst vor der Tiefe des Universums, wenn sie es sich vorstellen. Wenn es nach oben und unten keine Grenzen gibt – dieses unendlich große schwarze Loch … Allein die Vorstellung lässt manche schaudern.

Wenn momentan Donald Trump wieder einmal mit dem Säbel rasselt und Einfuhrzölle auf europäische Waren einführen möchte, müssen die Wirtschaftswachstumsprognosen in den europäischen Ländern von jetzt an gleich massiv nach unten korrigiert werden. Gleichzeitig brummt die amerikanische Wirtschaft anscheinend wie seit Jahren nicht mehr. Dies wird Donald Trump einige Pluspunkte bei seinen Wählern einbringen. Und uns wird zunehmend klarer, wie abhängig wir von manchen

Entscheidungen geworden sind, die Tausende von Kilometern entfernt getroffen werden.

Wir blicken heute weit über den Horizont hinaus, den unsere Vorfahren hatten. Und es ist manchmal wie ein Blick übers weite, unbekannte Meer. Wenn ich nicht sehen kann, wo Land ist, fühle ich mich unsicher, weil ich nicht weiß, wohin es geht.

Wissenschaft und Technik haben in den letzten 200 Jahren einen ungeahnten Fortschritt ermöglich. Fast bis in die letzten Ecken der Welt gibt es heute nicht nur Straßen und Wege, sondern vor allem hochmoderne Datenverbindungen. Dass die Produktion von Wirtschaftsgütern und Nahrungsmitteln, aber nicht auch die Entscheidungshoheit darüber in Billiglohnländer ausgelagert wird, ist eigentlich nichts anderes als der alte Kolonialismus in neuen Kleidern.

Wir können über Webcams beobachten, wie es in der Antarktis aussieht. Wir probieren aus, was geht, essen im Februar Himbeeren, die man für uns in Südamerika gezüchtet hat, und im März spanischen Spargel. Der Käse kommt ebenso aus Holland wie die Tomaten und der Salat. Der Orangensaft wurde laut Packungsaufdruck in Ägypten abgefüllt; wo die Früchte gewachsen sind, wissen wir nicht. Und die Kartoffeln, die noch vor 50 Jahren mittags auf fast jedem Tisch in Deutschland in der Schüssel dampften, sind längst Pasta, Reis, Pizza, Döner und Pita-Brot gewichen. In allen Ländern der Erde machen wir Urlaub, lassen es uns gut gehen und erwarten, dass man auf unsere kulturellen Vorlieben und unsere Essgewohnheiten Rücksicht nimmt. Ob in Spanien oder in Ägypten – deutsches Bier und eine Bratwurst sollen auch im Urlaub auf den Tisch kommen. Gleichzeitig machen wir uns Gedanken wegen der Überfremdung. Irgendwie irrational – oder?

Und es verwundert doch eigentlich nicht, dass die Fremden, die Flüchtlinge, zu Tausenden mit Schlauchbooten über das Mittelmeer zu uns kommen. Wenn ich mich in deren Lage versetze und überlege, dass ich entweder meine Zukunft in einem Land verbringen muss, wo seit Jahren Krieg und Hungersnot herrschen, wo mein Leben täglich bedroht ist und es auch keinerlei berufliche Perspektiven für mich gibt – oder ob ich fliehen und anderswo mein Glück versuchen soll, dann wird schnell klar, weshalb wir in Europa mehr und mehr unter Druck geraten. Noch vor einer Generation war der Hunger in Afrika für uns ebenso fern wie die Überlegung, dass die Menschen dort irgendwann zu uns nach Europa kommen, um auch ein Stück von dem großen Kuchen abzubekommen.

Die Menschen in Afrika wussten früher einfach viel weniger als heute von der sogenannten Ersten Welt und hatten deshalb auch kein derart leuchtendes Paradies vor Augen, dem sie sich zuwenden konnten. Unsere Entwicklungshilfe hat zum Teil Prozesse ausgelöst, die nicht immer die Lage zum Guten gewendet haben. Arm und Reich – der Konflikt wurde nicht entschärft. Bei der oberen Schicht ist in den Entwicklungsländern viel Geld hängen geblieben. Und europäische Firmen profitieren von der Entwicklungshilfe, nicht zuletzt durch Waffenverkäufe.

Es schafft Begehrlichkeiten, dass die Menschen in den ärmeren Ländern sehen, wie schön es bei uns ist.

Der höchste Zaun, die stabilste Mauer, das Risiko, auf dem Mittelmeer zu ertrinken – all dies wird auf Dauer nicht verhindern, dass Menschen sich auf den Weg machen, um ihr Glück zu suchen. Und ich fürchte, kämpferische Auseinandersetzungen um Wasser, Lebensmittel, Land und damit Zukunftsperspektiven werden weltweit weiter zunehmen.

Der lockere Spruch »Brot für die Welt – aber die Wurst bleibt hier«, den man bei manchen Spendensammlungen für Hilfsprojekte in den 70er- und 80er-Jahren lapidar zu hören bekam, trägt eine bittere Wahrheit in sich. Ja, die Menschen »da unten«, die in der sogenannten Dritten Welt, sie bekommen das, was von unserer Tischkante fällt ... aber das Gute bleibt hier. Dass dies kein Modell mit Zukunft war, versteht sich eigentlich von selbst. Insbesondere, wo heute selbst in entlegenen Regionen der Welt der Blick auf die sich bildlich biegenden Tische in Deutschland und vielen anderen Ländern der Erde via Handy jederzeit möglich ist. Und es geht natürlich auch um Gerechtigkeit.

Wir würden es genauso machen. Denken Sie nur daran, was passiert, wenn sich 250 Europäer in einem Hotel auf Mallorca einen Platz in der Nähe des Swimmingpools sichern möchten. Schon frühmorgens um 6 Uhr reservieren sich die Ersten einen Platz, indem sie ihr Handtuch auf den Liegestuhl drapieren. Und gleich nach dem Frühstück wird noch ein Kontrollgang gemacht.

Auch in Deutschland gibt es Armut. Familien mit vielen Kindern, Alleinerziehende, Alte und Kranke leben zum Teil am Rand des Existenzminimums. Das zeigt sich natürlich manchmal erst bei näherem Hinsehen. Haben wir nicht alle eine verzerrte Sicht auf die Welt? Einfach weil jedes Auge die Realität anders betrachtet? Und was ist, im Angesicht von »Fake News« oder der schönen Scheinwelt, die uns das Marketing vorgaukelt, noch real? In der Globalisierung verlieren wir uns, wenn wir keine

Verortung haben, wenn wir nicht mehr richtig wissen, wohin wir gehören und was wir glauben sollen. Irgendwo, in weiter Ferne, produzieren Menschen das, was wir zum Leben brauchen. Oder das, was wir zu brauchen glauben. Wenn wir genau hinsehen, merken wir, dass auch hier der Schein manchmal trügt. Man kann mit so wenig auskommen.

Wenn vom *Global Village,* dem globalen Dorf, die Rede ist, wird mir ganz anders. Überall dieselbe Musik, die gleichen Jeans, McDonald's. Für mich gibt es kein globales Dorf. Das ist ein Zerrbild. Und der Gedanke: Ich bin überall präsent – das ist doch schrecklich. Sagen zu können, hier bin ich zu Hause – darauf kommt es an.

Kürzlich hat die Lebensmittelkette EDEKA eine eindrückliche Aktion gemacht. In einem Hamburger Supermarkt in der Hafencity wurden alle Lebensmittel ausgeräumt, die nicht aus Deutschland kommen. Man wollte damit ein Zeichen gegen Fremdenhass und Rassismus setzen. Statt prall gefüllter Regale herrschte im Laden plötzlich gähnende Leere. Da steckten in Obst- und Gemüsekisten nur noch Pappschilder, die auf die Herkunftsländer der Ware verwiesen, die man am Morgen weggeräumt hatte. In den langen Regalreihen des Supermarkts standen nun nur noch vereinzelt einige wenige Produkte. Vollkornbrot aus Hessen, ein Stück Käse aus Bayern, ein Glas Honig aus der Region, Kekse aus Brandenburg. Aber beileibe nicht die Auswahl, die wir sonst erwarten. Dazwischen kleine Aufsteller mit der Aufschrift: »Unsere Auswahl kennt heute Grenzen« oder »So leer ist unser Regal ohne Ausländer«. Auch in den Kühltruhen herrschte an diesem Tag gähnende Leere.

Auf diese Weise demonstrierten die Verantwortlichen kreativ, wie es in ihrem Laden ohne ausländische Pro-

dukte aussieht. Ein beeindruckendes Statement gegen die Forderung mancher konservativer Zeitgenossen und alle Hetze, man sollte nur noch deutsche Ware anbieten oder kaufen.

Ein letzter Gedanke: Das Christentum ist von jeher global gedacht und angelegt.

Und als Christen sind wir in besonderer Weise gefordert, vor allem eines weltweit zu verbreiten: Liebe.

UNTER FREMDEN?

In St. Ottilien gehören ein Franzose und ein Schweizer Amerikaner zur Gemeinschaft; ein Mann aus Vietnam und ein Japaner. Gerade ist ein Missionar aus Südamerika bei uns zu Gast. Auch hier gibt es, mitten in der Provinz, ein Stück weit eine internationale Gemeinschaft. Es ist eine Offenheit da. Das bringt unsere Rolle als Stammhaus der Missionsbenediktiner mit sich.

In Sant'Anselmo musste sich jedes Jahr die Gemeinschaft neu zusammenfinden, das habe ich jeweils mit dem Prior gemeinsam gesteuert. Aus mehr als 30 Nationen kamen Studenten nach Sant'Anselmo. Und Jahr für Jahr war die »Belegschaft« zur Hälfte neu. So viele verschiedene Kulturen unter einem Dach, das war immer spannend.

Wenn wir Mönche in ein anderes Land aussenden, ist dies meist für sie ein großer Schritt und ein Abenteuer. Man kann sich nicht richtig vorstellen, was einen erwartet. Und natürlich ist es nie einfach. Hier und da gibt es Probleme. Manche wollen dann zurück. Und andere möchten am liebsten für immer dableiben, weil sie bei ihren Leuten sind. Mir ist es mehrfach begegnet, dass mir jemand sagte: »Nein, zurück nach Deutschland möchte ich nicht mehr. Hier ist meine Heimat.« Auch da spielen vor allem die Menschen eine sehr große Rolle.

Ich hatte einen Mitbruder losgeschickt, um mit zwei anderen auf den Philippinen eine neue Klostergemeinschaft zu gründen. Der Pater war schon 62 Jahre alt, als er loszog, und es war für ihn anfangs nicht leicht. Er musste die Sprache lernen und alles auf den Weg bringen. Am Ende blieb er noch 32 Jahre – bis zu seinem 94. Lebensjahr! Er war dort völlig zu Hause, und er wollte nicht zurück. Die jungen Brüder haben ihn zuletzt liebevoll gepflegt.

Zum ersten Mal hatte ich das vor vielen Jahren an anderer Stelle erlebt. Ein Mitbruder hatte das Kloster vor Ort mit aufgebaut und dann geleitet, war inzwischen Prior-Administrator. Im hohen Alter wollte ich ihn nach St. Ottilien zurückholen. Und er bat mich: »Vater Erzabt, bitte lassen Sie mich hier. Hier kenne ich die Leute, es macht mir Freude, mit ihnen zusammen unterwegs zu sein. In St. Ottilien kenne ich nur noch einen Mitbruder; alle anderen sind weggestorben.« Dieser Mitbruder durfte dann natürlich dort bleiben, wo er all die Jahre verbracht hatte – und er hat auch noch einige Jahre in Frieden gelebt.

Eines ist mir sehr wichtig: Ich achte den anderen als einen mir ebenbürtigen Menschen. Ebenbürtig geboren, vom Herrgott genauso geschaffen wie ich selbst und genauso von ihm geliebt. Das ist wesentlich!

Deshalb mache ich keinen Unterschied in der Person und versuche jeden mit den gleichen Augen zu betrachten. Das hat manche befremdet, die etwas Besseres sein wollten. Menschen, die mich in Rom besucht haben, damit sie hinterher sagen konnten, sie hätten mit dem Abtprimas gesprochen ... weil man selbst dadurch wichtig wird. Denen habe ich oftmals schmunzelnd mit auf den Weg gegeben: »Das ist gar nichts Besonderes, ich habe vorhin mit unserer Putzfrau gesprochen ...«

Das Gleiche galt auch für die zahlreichen Verhandlungen, die ich im Laufe der Jahre geführt habe. Mit Behördenvertretern, Politikern, geistlichen Beratern, Ordensbrüdern. Ich habe immer gleich auf gleich verhandelt, sodass am Schluss eine Win-win-Situation entstanden ist. Überall auf der Welt, egal wo ich gerade war, hatte ich immer einen Gedanken und die gleiche Vorgehensweise: Ich achte den anderen, mein Gegenüber, stets als mir ebenbürtig. Ich begegne ihm mit Respekt.

Fremde Kulturen

Waegwan ist die größte Benediktinergemeinschaft in Asien und auch das größte Kloster der Kongregation von St. Ottilien. Die Gemeinschaft wurde 1909 von Mönchen aus St. Ottilien gegründet. Ursprünglich stand die Abtei in Seoul und wurde dann in das nordkoreanische Tokwon verlegt. Im Mai 1949 löste die kommunistische Regierung das Kloster mit Gewalt auf und tötete ettliche Mönche. Die Überlebenden sammelten sich im Juni 1952 im südkoreanischen Waegwan und begannen noch einmal von vorn. 1964 wurde Waegwan zur Abtei erhoben. Im April 2007 brannte ein Teil der Abtei vollständig nieder. Bald darauf begann der Wiederaufbau. Die Klosterkirche wurde bei dieser Gelegenheit wesentlich größer neu gebaut.

Nordkorea steht seit dem Jahr 2002 an erster Stelle auf dem Weltverfolgungsindex des christlichen Hilfswerks Open Doors. Nur etwa 300.000 Christen – es können auch sehr viel weniger sein – leben unter den 25,4 Millionen Einwohnern. Sie dürfen sich nicht öffentlich zu erkennen geben, Gottesdienste können, wenn überhaupt, nur in Verborgenheit stattfinden. Im Jahr 1945 waren 13 Prozent der Bewohner Pjöngjangs Christen, die Stadt wurde deshalb auch »Jerusalem des Ostens« genannt. Während des Koreakriegs, in den Jahren 1950 bis 1953, und nach der anschließenden Teilung des Landes wurden Christen im kommunistischen Norden verhaftet, getötet oder in Richtung Süden vertrieben.

In meiner Zeit als Erzabt der Missionsbenediktiner in St. Ottilien wurde nach schwierigen Annäherungsversuchen in den 1990er-Jahren ein 500-Betten-Krankenhaus in China aufgebaut. Irgendwann kam die Idee auf, auch in Nordkorea wieder aktiv zu werden. Es gab jedoch dort keinen katholischen Priester, und wir bekamen keinerlei Informationen zur Lage. Aber nach den positiven Erfahrungen, die wir in China gemacht hatten, wollten wir es dennoch wagen.

1994 gelang es uns, im Rahmen einer Touristenreise ins Land zu kommen, um festzustellen, was notwendig und was möglich war. Wir haben uns dann entschlossen, in Rason ein Krankenhaus zu gründen – aber die Verhandlungen gestalteten sich schwierig. Rason, eine Stadt an der Grenze zu China und Russland, ist zugleich Industriezentrum und Freihandelszone. Die Stadt liegt 526 Kilometer von Pjöngjang entfernt, im nordöstlichsten Teil Nordkoreas.

Hier werden ausländische Firmen bevorzugt behandelt, vor allem, um die heimische Wirtschaft zu entwickeln. Die ehemalige Benediktinerabtei Tokwon ist heute eine Landwirtschaftsakademie.

Als ich einmal einem hochdekorierten Regimefunktionär gegenübersaß, ist mir plötzlich aufgegangen: Gott schuf und liebt auch diesen Mann. Danach habe ich wohl einen Respekt gegenüber dem Funktionär ausgestrahlt, der ihn dazu gebracht hat, gerecht mit mir umzugehen.

Schmiergeld jedenfalls ist bei unserem Projekt, das bis heute gut läuft, nie geflossen.

Das Krankenhaus zu bauen war für das Regime wichtig – denn für Firmen, die man ansiedeln möchte, ist es entscheidend, dass deren Mitarbeiter vor Ort eine gute medizinische Versorgung bekommen können. Unser Ziel war ein anderes. Für uns war es wichtig, etwas für die arme Landbevölkerung zu tun. Schließlich einigten wir uns mit der Regierung auf einen Kompromiss: Nur ein kleiner Teil der insgesamt 100 Krankenhausbetten sollte für Ausländer reserviert sein, der größere Rest war für die nordkoreanische Bevölkerung gedacht.

Im Jahr 1997 hat man den symbolischen ersten Spatenstich durchgeführt. Aber erst acht Jahre später konnte das Krankenhaus endlich eröffnet werden. Das Baumaterial kam aus China. Wegen des steigenden Bedarfs an medizinischer Versorgung wurde das Krankenhaus später nochmals erweitert. Einerseits sollen die Tagespatienten die stationären Patienten nicht stören. Andererseits gibt es ein grundsätzliches Platzproblem, teilweise lagen einige Zeit zwei Patienten in einem Bett.

Das Krankenhaus wurde und wird ausschließlich mit Spenden finanziert. Religion darf allerdings dort bis heute keine Rolle spielen. Das nordkoreanische Regime lässt nur formell Religionsfreiheit zu. Wer sich als Christ zu erkennen gibt oder gar für den Glauben wirbt, muss damit rechnen, in eines der zahlreichen Arbeitslager verschleppt oder sofort getötet zu werden. Deshalb durfte das Christentum in dem von den Benediktinern errichteten Krankenhaus in Rason auch keine Rolle spielen. Aber die Finanzierung des Krankenhauses, die wurde »gerne angenommen«.

Nur der Schriftzug »International Catholic Hospital«, der in goldenen Lettern auf einem weißen Gebäude prangt, erinnert daran, dass das Krankenhaus einen christlichen Ursprung hat. Die koreanische Inschrift »Rason In Min Pyongwon« besagt etwas anderes: Es ist das »Rason Volkskrankenhaus«.

Bei unseren Reisen nach Nordkorea durften wir Benediktiner keinen Kontakt zur Bevölkerung haben. Die Beamten sagten uns immer wieder, dass die Einheimischen nicht wissen, wie sie mit Ausländern umgehen sollen.

Jedes Mal wurden wir an der Grenze von Beamten in Empfang genommen und standen unterwegs permanent unter Beobachtung. Wenn die katholische Kirche in Pjöngjang die Heilige Messe feiert, geht da das Botschaftspersonal natürlich hin. Und auch Einheimische sind mit dabei. Aber wir wissen nicht, ob das wirklich Christen sind, weil wir ja nicht mit ihnen reden dürfen. Es gibt auch einen einheimischen Kirchenchor. Aber auch da wissen wir nicht, aus welchen Menschen er sich zusammensetzt. Das bleibt alles sehr geheimnisvoll.

Trotz allem gibt das Krankenhaus in Rason Anlass zur Hoffnung auf eine bessere Zusammenarbeit und Frieden, wie ich bei der Eröffnung im Jahr 2005 gesagt habe. Und es braucht die Gespräche auf Augenhöhe, um den Koreakonflikt zu beenden.

In der Fremde lernen wir wieder die Werte unserer Heimat schätzen

In meiner Funktion als Abtprimas habe ich auf allen Kontinenten die Klöster der Benediktinerinnen und Benediktiner besucht. Und letztlich doch meist zu wenig Zeit gehabt, um wirklich irgendwo anzukommen. Von den Ländern habe ich jedenfalls im Rückblick viel zu wenig mitbekommen. Der Fokus lag ganz klar auf den Zusammenkünften und Gesprächen in den jeweiligen Abteien und Versammlungen. Vom Flughafen aus wurde ich abgeholt und einige Tage später wieder zurückgebracht.

Da sitzt einer neben mir auf dem Weg nach Chicago, nächste Woche, so erzählt er mir, muss er nach Hongkong. Glücklich wirkt er nicht. Und ich überlege mir, was es bedeutet, ständig aus dem Koffer leben zu müssen.

In der Fremde lernen wir die Werte unserer Heimat schätzen. Weil wir mit anderen Wertvorstellungen konfrontiert werden.

Im Sommer 2017 habe ich eine Weltreise gemacht, die mir die Äbtekonferenz zum Abschied geschenkt hatte. Sie hatten bemerkt, dass ich in all den Jahren nie richtig Zeit hatte, bestimmte Klöster zu besuchen, die mir am Herzen lagen. Und nun wollten sie mir einfach die Freiheit dazu geben. In den USA habe ich drei Klöster besucht, in denen ich zuvor schon einmal gewesen war. Dort leben Freunde von mir. Aber ich habe auch sehr interessante Orte gesehen, an dem ich niemals zuvor war: »Christ in the desert« in New Mexico und ein wunderbar gelegenes Kloster in Kalifornien mit dem Namen »Big Sur«. Von dort bin ich zu den Benediktinerinnen nach Sydney geflogen, die standen immer so treu zu Sant'Anselmo. Die musste ich einfach noch einmal besuchen. Und die Abtei, wo neben der Äbtissin im Chorgebet immer der Hund ihr zu Füßen liegt. Der darf auch zur Messe mit – nur nicht bei der Kommunion mit zum Altar gehen. Was ich da alles noch erlebt habe … Dann bin ich nach Korea, aus Respekt vor der Leistung, in diesem Land, inmitten der Bedrohung, als christliche Gemeinschaft zu leben. Von dort ging es weiter auf die Philippinen, zu meiner ersten Gründung, dann nach Vietnam – da wollte ich immer schon mal hin. Dort gibt es ein paar große Klöster, trotz der ganzen Verfolgung. Von Saigon aus bin ich über Istanbul nach Kairo weitergeflogen, wo unsere jüngste Gründung der Kongregation am Wirken ist. Ich bin immer am Weiterdenken ... das ist das Entscheidende gewesen. Zwei Tage war ich in Kairo.

Sechs Wochen war ich insgesamt unterwegs. Für mich war die gesamte Reise ein Zeichen großer Wertschätzung, die mir auch überall, wo ich hingekommen bin, entgegengebracht wurde.

Der Prior der Benediktinerabtei in Kalifornien schrieb mir im Vorfeld der Reise: »Wir freuen uns wahnsinnig, dass Du kommen willst, aber Du musst Abenteuer lieben. Denn im Frühjahr gab es nach starken Regenfällen einen Erdrutsch. Die Zufahrtsstraße zu unserem Kloster ist verschüttet. Jetzt muss man am Berghang entlang anderthalb Stunden zu Fuß gehen.« Ich schrieb zurück: »Ja, dann gehen wir halt.«

An vielen Orten auf dem Globus kenne ich Menschen. Sie warten auf mich, wenn ich mich ankündige. Das ist ein gutes Gefühl: Denn wenn jemand auf einen wartet, stellt sich schnell das Gefühl ein, dass du nicht nur willkommen bist, sondern hier ein Zuhause auf Zeit auf dich wartet.

Angst vor dem Fremden und der Überfremdung

Wir haben gemeint, bei uns geht alles ewig so weiter. So schön, so gemütlich, immer geradeaus. Unsere wirtschaftliche Entwicklung, der Wohlstand, alles bewegt sich ohne größere Schwierigkeiten weiter nach oben. Wir sind auf dem besten Weg und zeigen den anderen Nationen, wie es zu gehen hat.

In meiner Zeit in Italien habe ich immer wieder wahrgenommen, dass man dort nach Berlin schaut. Auf die Wachstumszahlen, die tollen wirtschaftlichen Ergebnisse, die niedrige Arbeitslosenquote. Und tatsächlich geht es momentan immer noch ein wenig so weiter. Und trotzdem haben viele Angst vor dem Abstieg, dem Verlust. Manchmal leben wir so, als lägen wir in einem Dornröschenschlaf, bis uns jemand aufweckt. So war es auch mit den Flüchtlingen.

Dass wir uns jetzt in besonderer Weise mit dem Begriff Heimat beschäftigen, hängt auch mit der anhaltenden Flüchtlingsdebatte zusammen. Durch die Zuwanderer, die in Scharen gekommen sind, entsteht bei manchem das Gefühl der Überfremdung, und es kommt die Frage auf: »Wie lange wird das alles noch gut gehen?« Einige fordern deshalb vehement, Deutschland müsse sich gegen Flüchtlinge abschotten. Das halte ich für völlig falsch.

Ebenso für falsch halte ich das dumme Gerede von einer Flüchtlingsflut. Das klingt hochdramatisch und auf jeden Fall nach einer heftigen Bedrohung. »Das Wasser steht uns bis zum Hals …« Gerade so, als müsse man Dämme errichten, um sich zu schützen. Wir sind weit entfernt von einer Katastrophe, und es ist fatal, dass auf diese Weise ein derart großer Druck aufgebaut wird, als gelte es, unser Leben zu verteidigen. Und wir dürfen nie vergessen: Es geht ja nicht um eine abstrakte Masse von irgendetwas. Es sind einzelne Menschen, Familien, junge Leute, Kinder – die sich mit kleinen Booten auf den Weg machen und unter Lebensgefahr das Mittelmeer überqueren oder in Lkw gepfercht von Schleuserbanden transportiert werden.

Auch davon, dass sich gerade die Lage für uns weiter zuspitzt, kann keine Rede sein. Es lohnt ein Blick auf die Zahlen: Die Internationale Organisation für Migration (IOM) und auch die europäische Grenzschutzagentur Frontex berichten unisono, dass die Zahl der illegalen Migranten im vergangenen Jahr rückläufig war. So verzeichnete die UN-Organisation im Jahr 2017 einen Rückgang der illegalen Grenzübertritte in Höhe von 52,8 Prozent gegenüber dem Vorjahr. Und Frontex zählte im selben Zeitraum rund 60 Prozent weniger illegale Grenzübertritte. Diese Beobachtung gilt auch für die zentrale Mittelmeerroute, auf der laut Frontex im Jahr 2017 etwa 119.000 Migranten in die Europäische Union kamen.[10] In den Jahren zuvor waren es deutlich mehr Menschen, die nach Europa geflohen sind.

Und dennoch bleibt sicherlich bei manchen ein Unbehagen. Ich kann es irgendwo auch verstehen. Denn wenn sich nach und nach, quasi schleichend, die Struktur in unserem Stadtviertel verändert, dann geht Zug um Zug natürlich auch unser Heimatgefühl flöten. Das Vertraute ist weg. Ja, es gibt allerorten solche Entwicklungen, vor allem in den großen Städten. Mehr und mehr türkische Familien ziehen in ein Stadtviertel, in dem schon Landsleute leben. Sie suchen die räumliche Nähe zueinander – und irgendwann kippt das Ganze. Dann fühlen sich die wenigen, die schon immer dort gewohnt haben, in dieser Situation nicht mehr wohl.

Unsere lieb gewonnenen Gewohnheiten können wir nur schwerlich hinter uns lassen. Eine Umgewöhnung ist in der Regel ein sehr langer Prozess. In diesen Bereich fällt auch das komische Gefühl, das manche befällt, wenn am Ortsrand plötzlich Flüchtlingsunterkünfte errichtet werden. Da braucht es keinerlei Vorfälle oder konkrete Bedrohungsszenarien. Die Tatsache an sich ist für manche schon bedrohlich genug. Aber woher kommt eine solche diffuse Angst vor dem Fremden?

Dabei haben wir das Fremde doch längst zu uns nach Hause geholt und uns ein Stück weit daran gewöhnt. Wir fahren in japanischen Autos zur Arbeit, wir essen Pizza und Döner, wir tragen Kleider, die in Asien für uns genäht werden, wir lieben Rockmusik aus Australien und verwenden für viele Alltagsgegenstände und altbekannte Sachverhalte mittlerweile ganz selbstverständlich englische Begriffe.

Wir sind, so gesehen, längst überfremdet. Und es hat uns bislang auch überhaupt nichts ausgemacht. Im Gegenteil, wir haben es genossen, uns mit fremden Kulturen zu beschäftigen und deren positive Seiten auszukosten. Dennoch ist bei manchem die Sehnsucht groß, dass es irgendwie wieder so wird wie im Deutschland der 1950er-Jahre. Aber dieses Land gibt es schon längst nicht mehr. Es stellt sich mir auch die Frage: Was war überhaupt damals besser? Und wodurch wird diese seltsame Sehnsucht nach vergangenen Zeiten genährt? Vielleicht, so denke ich mir, ist es in Wahrheit der Wunsch nach Idealen und Vorbildern. Nach Klarheit und weniger Komplexität. Nach etwas, auf das wir uns verlassen können – und das sich so schnell nicht ändert.

Als ich ein Kind war, wusste ich, dass ich nach Bad Grönenbach gehöre und dass auf die Nachbarsfrau Verlass ist. Wenn ich sie etwas fragte, wusste sie meist einen Rat. Es war klar, dass ich am Nachmittag mit meinen zwei Freunden am Weiher von Bad Clevers spielen werde und später die Mutter mit dem Abendessen auf mich wartet. Die Anzahl der Möglichkeiten, wie wir den Tag verbringen konnten, war begrenzt. Und gekaufte Spielzeuge Mangelware. Was wir besaßen, das waren unsere Fantasie und unsere Lebensfreude. Und am Sonntag ging es in die Kirche. Das gehörte sich so. Und das wollten wir auch so!

Das alles klingt überschaubar und schön. Aber eine heile Welt war es damals keinesfalls! Mein Vater war in den ersten sieben Jahren meines Lebens nicht zu Hause. Ich kannte ihn nur aus Erzählungen meiner Mutter. Wir hatten die meiste Zeit sehr wenig Geld zur freien Verfügung. Und an ein Studium war für mich nicht zu denken, als ich das Abitur machte. Wer hätte dies bezahlen sollen? Der Horizont reichte bis nach St. Ottilien. Ich bekam eine Chance zu studieren, und diese Chance habe ich ergriffen. Möglich wurde dies, weil sich der Dorfpfarrer bei meinen Eltern für mich einsetzte.

Heute gibt es für die meisten jungen Erwachsenen eine Vielzahl von Möglichkeiten. Aber ich habe den Eindruck, dass damit keine größere Zufriedenheit einhergeht. Im Gegenteil: Die Verunsicherung ist groß. Was soll ich wählen, aus einem Meer von Optionen? Studium oder Ausbildung? Handwerkliche Lehre und später den Meister machen? Welche Stadt gefällt mir am besten, wenn ich aus einem Angebot an Arbeitsplätzen auswählen kann? Oder soll ich ins Ausland gehen? Wo wird mir am meisten geboten?

Anderen, vornehmlich den jungen Menschen, die aus

den niedrigeren sozialen Schichten kommen und die »nur« eine Hauptschule oder eine Gesamtschule besucht haben, stehen weit weniger Türen offen. Auch das ist eine bittere Tatsache. Wer aus einem der unteren Milieus kommt, findet nur schlechtere oder gar keine Aufstiegsmöglichkeiten. Andererseits bleiben Jahr für Jahr jede Menge Lehrstellen unbesetzt. Manche Arbeiten will einfach keiner mehr machen. Und wenn wir jammern, dann meist auf hohem Niveau. Das wollen viele nicht hören – aber es ist so.

Woran können wir uns orientieren?

Für mich war und ist die Kirche eine feste Größe in meinem Leben. Inzwischen ist dies keine gesellschaftlich akzeptierte Selbstverständlichkeit mehr. Aber was ist an die Stelle der kirchlichen Jugendgruppen getreten, die nur noch für wenige anziehend sind?

Nicht nur zu wissen, wohin, sondern zu wem ich gehöre, das ist in der Kindheit und Jugend ein äußerst wichtiges Gefühl! Davon bin ich fest überzeugt.

An Straßenecken zu stehen und sich mit anderen die Zeit zu vertreiben ist vielleicht für einige Nachmittage und Abende attraktiv. Aber es ist nichts Substanzielles. Und es bleiben auch zu wenige positive Eindrücke dabei hängen.

Ablenkungen gibt es reichlich – aber was ist mit den Werten, die wir brauchen, um uns an etwas Größerem zu orientieren?

Wir alle suchen menschliche Nähe und Geborgenheit. In meiner Heimatstadt, in meinem Viertel, in meiner Clique fühle ich mich wohl. Aber das alleine reicht nicht, um die Zukunft zu gestalten. Die Sinnfrage muss in letzter Konsequenz beantwortet werden. Und wir müssen irgendwann erkennen: Wofür lohnt es sich, sich dauerhaft einzusetzen? Was sind unsere Ideale – und wer verkörpert sie? An wem oder was kann ich mich orientieren?

Wir können den Menschen, die zu uns kommen, gar nicht mehr sagen, um was es eigentlich geht, wenn wir von unserer Kultur sprechen – weil wir es selbst nicht mehr genau wissen. Wie erkläre ich jemandem, der aus einem komplett anderen Kulturkreis kommt, was unsere gemeinsamen Werte sind, wie wir das Miteinander in unserem Land gestalten und was für mich Heimat bedeutet?

Oft wissen diejenigen, die sich vehement auf christliche Werte oder unsere sogenannte Leitkultur berufen, überhaupt nichts konkret zu benennen, wenn man sie danach fragt.

Und ich bin mir sicher: Die Angst vor dem Fremden kommt auch aus einer großen eigenen Unsicherheit. Denn wer sich seiner Sache sicher ist, kann meist viel souveräner agieren.

Damit meine ich nicht die Auswüchse, die mit dem Zuzug von Hunderttausenden von Menschen automatisch entstehen, sondern vor allem die diffuse Ablehnung des Fremden, die man allenthalben erleben kann.

Und das geht vielen Menschen an vielen Orten auf der Welt so.

Da ist ein Befremden über das Fremdartige mit Händen zu greifen. Ich denke zum Beispiel an die indischen Studenten, die in Sant'Anselmo über der Kloschüssel balancierten und von dort aus versuchten, in die Schüssel zu treffen – einfach weil sie es nicht gewohnt sind, sich auf eine Toilette zu setzen. Für manche so etwas wie ein Kulturschock – jeweils aus dem eigenen Blickwinkel betrachtet. »Was, ich soll mich hier draufsetzen, wo schon Hunderte andere ...?« Und umgekehrt: »Das geht gar nicht, diese Menschen kennen ja überhaupt keine Manieren.«

Es beginnt im Kleinen, dort, wo Kultur konkret wird: im Alltäglichen – bei den Essgewohnheiten, den Tischsitten, dem Grüßen auf der Straße, dem Umgang mit Kindern. Manche machen den ganzen Tag Lärm und finden das völlig in Ordnung. Auch dass im Hof und vor der Haustür Müll herumfliegt, stört sie keineswegs. Das ist bei ihnen zu Hause schon immer so gewesen. Vielleicht kennen sie auch keine Mülltonnen, weil so etwas immer zu teuer war und sie ohnehin von keinem abgeholt werden würden. Und es geht weiter von einem völlig anderen Religionsverständnis bis zu einem Frauenbild, das aus unserer Sicht aus dem frühen Mittelalter zu stammen scheint, wo man sich noch einfach nahm, was einem gefiel.

Umgekehrt finden sicherlich viele Menschen, die aus Syrien oder Nigeria zu uns kommen, das hiesige Ordnungssystem befremdlich. Wozu soll es gut sein?

Die Volksgruppe der Türken ist schon lange in Deutschland. Man könnte sagen, sie sind integriert. Aber wir haben sie lange nicht als Muslime gesehen. Und wir haben nicht erkannt, bis zu welchem Grad sie sich überhaupt den Gepflogenheiten bei uns anpassen wollen. Gerade die jungen Leute haben nach wie vor einen großen Bezug zur Türkei und zu dem dortigen Wertesystem. Das hat die jüngste Wahl gezeigt, wo die in Deutschland lebenden Türken mehrheitlich Erdoğan gewählt haben. Türkische Frauen, die schon 20 Jahre hier sind, sprechen zum Teil immer noch kein Deutsch. Manche verlassen auch nicht das Haus. Der Mann geht arbeiten, und die Kinder kaufen für die Familie ein und regeln die Dinge beim Arzt, auf dem Amt, die ansonsten geregelt werden müssen.

Die erste Generation schien uns jedenfalls lange Zeit voll integriert. Jetzt, wo es um Erdoğan geht, sind wir geschockt, dass Tausende Kilometer von der Heimat entfernt fast alle für ihn votiert haben. Da sieht man, wie tief das Nationalgefühl sitzt. Und die Jüngeren, die hier geboren wurden, die sehen die Dinge zwar anders als ihre Eltern, aber viele entdecken in den Werten ihrer Eltern erneut ihre Identität.

Mit eigenen Kräften ist unser Wohlstand nicht zu halten

Wenn sich manche darüber ereifern, dass uns »die Fremden« die Arbeit und den Wohlstand wegnehmen, kann man sich eigentlich nur wundern. Denn die Wahrheit ist: Mit eigenen Kräften ist unser Wohlstand nicht zu halten. Wer würde die Aufgaben übernehmen, die bei uns längst keiner mehr machen will? Müllmänner, die uns die Stadt sauber halten. Einfache Arbeiter in den Fabriken, Küchenhilfen, Altenpflegerinnen, Kellner und vieles mehr. Woher kommen sie? Wer bedient uns denn, wer putzt für uns? Bewusst habe ich dies hier etwas zugespitzt. Und es ist natürlich nur ein Teil der Wahrheit: Denn seit Jahrzehnten verrichten Fachärzte, Richter, Anwälte, Journalisten, Politiker mit fremden Wurzeln treu ihren Dienst – für uns! Deren Eltern oder sie selbst sind als Migranten gekommen, als Flüchtlinge vor den Repressalien im Irak, in Afrika oder Russland geflohen. Andere wurden gezielt als Fachkräfte angeworben. Hunderttausende hat man in den 1960er- und 70er-Jahren nach Deutschland geholt, weil wir ihre Unterstützung dringend brauchten, damit die Wirtschaft weiter wachsen konnte. Ohne sie hätten wir heute vermutlich nicht einen solchen Wohlstand erreicht. Und die Menschen, die zu uns gekommen sind, haben sich in aller Regel wunderbar integriert! Das dürfen wir nie aus dem Blick verlieren. Wir haben vermutlich auch nicht genügend Arbeitskräfte, um alle Aufgaben zu erledigen, die in den nächsten Jahren anstehen.

Sehen wir uns die Zahlen einmal an. Das Institut für Arbeitsmarkt- und Berufsforschung (IAB) hält eine Erwerbstätigenquote von 50 Prozent unter den Flüchtlingen nach etwa fünf Jahren für realistisch, geht aus dem aktuellen Bericht 4/2017 »Arbeitsmarktintegration von Geflüchteten in Deutschland« hervor. In der zweiten Jahreshälfte 2016 hatten von den Flüchtlingen, die im Jahr 2015 zu uns kamen, 10 Prozent der Menschen im erwerbsfähigen Alter Arbeit gefunden, von den 2014 zugezogenen waren es 22 Prozent und von den 2013 zugezogenen 31 Prozent.[11]

Nach dem Ausländerzentralregister ist die Bevölkerung im erwerbsfähigen Alter aus den wichtigsten nichteuropäischen Asylherkunftsländern im Zeitraum vom 1. Januar 2015 bis zum 31. Dezember 2016 um 687.000 Personen gestiegen; die Beschäftigung dieser Personen hat nach der Beschäftigungsstatistik im gleichen Zeitraum um 80.000 Personen zugenommen. Das entspricht einem Anteil von 12 Prozent.[12]

Dabei gibt es zwischen den verschiedenen Volksgruppen durchaus große Unterschiede. So zeigt eine Auswertung der Bundesagentur für Arbeit, dass es Pakistaner am häufigsten schaffen, eine Anstellung in Deutschland zu finden. Im Februar 2018 hatten etwa 40 Prozent der pakistanischen Zuwanderer eine Arbeit. Auch Migranten aus Nigeria und dem Iran finden vergleichsweise schnell Arbeit. Und von den syrischen Flüchtlingen, die die meisten Asylanträge stellten, hat es jeder Fünfte auf den Arbeitsmarkt geschafft. Viele der Zuwanderer, so die Analyse, würden Arbeitsplätze finden, bei denen sie auch ohne gute Deutschkenntnisse zurechtkommen. Jeder Zweite hat eine Anstellung als Fachkraft gefunden. Leider reicht der Lohn oft nicht; ein Sechstel der Flüchtlinge, die Hartz IV beziehen, hat zwar eine Arbeit, braucht aber die finanzielle Aufstockung. Auch die Zahl der Hilfebedürftigen steigt logischerweise durch den Zustrom. Insgesamt machten zum Zeitpunkt der Erhebung Flüchtlinge 14 Prozent aller Hartz-IV-Empfänger aus.

Im ersten Jahr der sogenannten Flüchtlingskrise waren 2015 rund 890.000 Migranten nach Deutschland gekommen. 2016 sank die Zahl der Asylbewerber auf etwa 280.000, im vergangenen Jahr waren es nur noch knapp 187.000.

Flucht und Vertreibung

Erinnern wir uns, wie alles begonnen hat: Im Frühjahr 2011 forderte ein Teil der syrischen Bevölkerung in friedlichen Massendemonstrationen mehr Freiheit, ermutigt vom »Arabischen Frühling«. Dieser hatte im Dezember 2010 seinen Ursprung in Tunesien. Die Bewegung breitete sich in der Folge im Nahen Osten und in Nordafrika aus. Hunderttausende protestierten gegen die dort autoritär herrschenden Regime und die politischen und sozialen Strukturen ihrer Länder.

In Syrien reagierte Präsident Assad mit Gewalt auf die Proteste. Er ließ auf die Demonstranten schießen und verhaftete Tausende. Seit 2012 herrscht in Syrien Krieg mit wechselnden Fronten. Laut dem UNO-Sonderbeauftragten für Syrien beläuft sich die Zahl der Toten seit Beginn Kriegs inzwischen auf über 400.000. Dies bedeutet: Mindestens einer von 100 Syrern ist infolge des Konflikts gestorben. Jeder Zweite, der noch in Syrien lebt, benötigt humanitäre Hilfe. Städte wie Aleppo oder Homs wurden nahezu vollständig zerstört, auch zahlreiche andere Städte und Orte in Schutt und Asche gelegt. Amnesty International geht davon aus, dass Zehntausende in Gefängnissen und geheimen Hafteinrichtungen verschwunden sind. Hinrichtungen, Folter und Misshandlung gehören seit Jahren zur Tagesordnung. Kaum eine Familie ist nicht davon betroffen, und jeder fünfte Syrer ist vor diesen schrecklichen Ereignissen geflohen und außer Landes geflüchtet. All diese Entwicklungen haben zur größten Flüchtlingskrise seit dem Zweiten Weltkrieg geführt.[13]

In einer Diskussion behauptete jemand, Gefängniswärter im Irak hätten die Gefängnisse geöffnet und die Insassen als Flüchtlinge nach Europa geschickt. Können wir das wirklich von den zahlreichen irakischen Christen sagen, deren Zahl infolge des Kriegs von 2 Millionen auf 200.000 zurückgegangen ist? Es ist eine der tragischsten Folgen dieses ungerechten Kriegs.

Sieben Jahre nach Beginn des Konflikts ist es der internationalen Gemeinschaft noch immer nicht gelungen, all dem ein Ende zu setzen. Russland und China haben durch ihre Vetos im UNO-Sicherheitsrat ein Eingreifen der Staatengemeinschaft in den Konflikt verhindert.

In den aktuellen Diskussionen geht es immer wieder darum, dass wir nur den politisch verfolgten Menschen Asyl gewähren sollten und nicht den Wirtschaftsflüchtlingen. Aber wer mag die Situation letztlich beurteilen – und wo ziehen wir angesichts der humanitären Katastrophe überhaupt Grenzen? Wenn eine Familie aus Syrien zu uns flieht, tut sie dies, weil es dort, wo sie einst lebte, derzeit keine Zukunftsperspektive für sie gibt. Häuser wurden zerstört, Schulen und Krankenhäuser dem Erdboden gleichgemacht, Felder durch das Bombardement vernichtet. Die Menschen haben ihren Arbeitsplatz und ihr Auskommen verloren. In den wenigen Läden, die geöffnet haben, gibt es kaum etwas zu kaufen – und wenn, dann kostet es oft ein Vielfaches von dem, was früher dafür verlangt wurde. Was spielt es bei der Beurteilung einer solchen Notlage für eine Rolle, ob die Menschen, die bei uns Asyl suchen, zu alledem noch politisch verfolgt werden? Keiner verlässt seinen Wohnort in Syrien mit dem Gedanken, dass er in Deutschland schlicht mehr Geld verdienen könnte. Dies zu denken finde ich angesichts der dramatischen Entwicklungen völlig absurd. Und selbst wenn es so wäre: Sollen wir dem, der nach Brot und einem Dach über dem Kopf fragt, der für sich selbst oder seine Familie eine Zukunftsperspektive sucht, die Tür vor der Nase zuschlagen?

Auch in Nigeria hat sich in den letzten Jahren die Lage der Bevölkerung durch verschiedene Konflikte massiv zugespitzt. Die Terrorgruppe Boko Haram kämpft für die Errichtung eines islamischen Gottesstaates im Nordosten Nigerias. Mindestens 20.000 Menschen wurden mittlerweile bei den Auseinandersetzungen getötet, rund 2,6 Millionen Menschen sind auf der Flucht. Mehr als 2 Millionen davon suchen Schutz im eigenen Land. Knapp 55.000 Menschen aus Nigeria haben im Jahr 2016 einen Asylantrag in anderen Ländern gestellt. Die meisten von ihnen sind nach Italien, Deutschland oder Südafrika geflohen und haben dort um Aufnahme gebeten.

Ein Ende des Konflikts ist nicht abzusehen. Die Vereinten Nationen (UNO) gehen davon aus, dass die Hälfte der 14 Millionen Einwohner aus den vom Konflikt betroffenen Regionen Nigerias von Hunger bedroht ist. Und mehr als 60 Prozent der knapp 170 Millionen Menschen im Land leben unterhalb der Armutsgrenze.[14] Wer will angesichts dieser Zahlen bezweifeln, dass ein Leben in Nigeria derzeit für die meisten Einwohner keine Perspektive bietet und sich deshalb Tausende von Flüchtlingen auf den Weg nach Norden machen? Dabei ist Nigeria reich an Öl, aber darum streiten sich westliche Konzerne, und das Geld landet nur in den Taschen weniger.

Die Schweiz lehnt die meisten Asylanträge von Nigerianern ab. Viele tauchen unter und versuchen ihr Glück in anderen Ländern, weil ein »Zurück« nach Nigeria für sie nicht infrage kommt.

Angesichts von weltweit 66 Millionen Flüchtlingen möchte ich daran erinnern, dass es im 19. Jahrhundert zahlreiche deutsche »Wirtschaftsflüchtlinge« gab, die vor der Not in Deutschland flohen und in die USA und andere Länder zogen.

Zwischen 1820 und 1930 ließen sich rund 90 Prozent der rund 6 Millionen (!) deutschen Immigranten in den Vereinigten Staaten nieder. Die »Neue Welt« galt als

»Land der Freiheit«. Ein Lied aus dieser Zeit habe ich schon in diesem Buch zitiert. Die Auswanderung begann nach dem »Jahr ohne Sommer« 1816. Missernten hatten in Deutschland zu stark steigenden Getreidepreisen geführt. Viele mussten hungern. Rund 20.000 Menschen zog es damals nach Osteuropa und in die Vereinigten Staaten. Anhaltende Wirtschaftskrisen führten auch in den Folgejahren, insbesondere ab 1830, dazu, dass mehr und mehr Menschen Deutschland den Rücken kehrten. Von den 6 Millionen Auswanderern ging allein in den 13 Jahren zwischen 1880 und 1893 fast ein Drittel, mehr als 1,8 Millionen Deutsche, in die USA.[15]

Ich denke auch an die Vorbehalte, die es nach 1945 im Westen Deutschlands gegenüber den Flüchtlingen aus dem Osten des Landes gab. Am Ende haben alle einen Platz und eine neue Perspektive für ihr Leben gefunden. Heute ist das alles weitgehend vergessen. Stattdessen schauen wir gemeinsam sorgenvoll auf diejenigen, die nun ihrerseits bei uns Unterschlupf suchen.

Von Januar bis Mai 2018 wurden 68.368 sogenannte Erstanträge auf Asyl vom Bundesamt für Migration und Flüchtlinge entgegengenommen. Dazu kommen 9.658 »Folgeanträge«. 17.587 der Erstanträge stammen von Syrern, 6.901 Anträge von Menschen aus dem Irak und 4.794 Erstanträge von Nigerianern. Gegenüber dem Vorjahr bedeutet dies einen Rückgang der Antragszahlen um 20,7 Prozent. Dies liegt nicht etwa daran, dass weniger Menschen bedroht sind – sie schaffen es einfach nicht bis nach Deutschland, weil die Fluchtwege über das Mittelmeer oder auf dem Landweg durch Grenzsicherungsmaßnahmen der Mittelmeerstaaten teilweise blockiert sind.

Wenn man allein auf die Zahlen schaut, bleibt vieles abstrakt. Erst- und Folgeanträge, Schutzquoten – das klingt harmlos. Aber es sind am Ende alles Menschen, Familien, Einzelschicksale. Hinter dem Wort Schutzquote, das ich befremdlich finde, verbirgt sich die Zahl derer, die bleiben dürfen, weil man ihnen bei uns Schutz gewährt. Müsste diese »Schutzquote« nicht in einem christlich geprägten Land eigentlich bei nahezu 100 Prozent liegen?

Natürlich kenne ich einige Argumente, die zu einer Ablehnung der Asylsuchenden führen. Natürlich weiß ich, dass wir nicht alle bei uns aufnehmen können und einige europäische Länder noch viel weniger als wir für die Geflüchteten tun. Aber rein menschlich betrachtet, könnte auch mehr gehen. Sicher gibt es unter den Flüchtlingen Kriminelle, aber gibt es die nicht auch unter uns Deutschen?

Das Bundesamt für Migration und Flüchtlinge schreibt in seinem jüngsten Bericht, dass man 18.484 Asylanträgen von syrischen Menschen stattgegeben hat (»Gesamtschutzquote«: 77,6 Prozent). Ich lese dort: Bei Geflüchteten aus dem Irak, die bei uns Asyl beantragt haben, liegt die Quote bei 31,0 Prozent. »Bei einem Vergleich mit dem Vorjahr (372.637 Entscheidungen) ist die Zahl der Entscheidungen um 70,4 % gesunken. Die Gesamtschutzquote für alle Staatsangehörigkeiten liegt für das Berichtsjahr 2018 bei 32,4 % (35.751 positive Entscheidungen von insgesamt 110.483).« So lautet der Bericht des Amtes, Stand Ende Mai 2018. Im Klartext: Zwei Drittel der Menschen werden abgewiesen – mit welcher Begründung auch immer.[16]

Keine Frage: Die deutschen Behörden und deren Mitarbeiter sowie alle, die sich für die zu uns geflüchteten Menschen in den vergangenen Jahren engagiert haben, haben viel geleistet. Und ja, es gibt Probleme. Aber wer sollte sie meistern können, wenn nicht wir? Ein Land mit großem Wohlstand, zahlreichen Ressourcen, logistischem Können? Und wer, wenn nicht wir, könnte verstehen, was es heißt, Vertriebene aufzunehmen?

Bis zu 14 Millionen Menschen mussten ab 1945 ihre Heimat verlassen – die heute polnischen Gebiete jenseits von Oder und Neiße, Ostpreußen und die Randgebiete von Böhmen und Mähren. Insgesamt verloren durch den Zweiten Weltkrieg bis zu 60 Millionen Menschen in Europa ihre Heimat.

Viele starben auf der Flucht, andere wurden für ihr ganzes Leben traumatisiert. Aber es sind auch sehr viele damals irgendwo gut untergekommen. Man hat sich um sie gekümmert, ihnen Türen geöffnet. Man ist zusammengerückt, hat eine andere Familie ins eigene Haus aufgenommen. Man hat eine Tasse Blümchenkaffee geteilt, ist gemeinsam auf Hamsterfahrt gegangen, hat den Erzählungen des anderen gelauscht, einander geholfen.

Und wir denken heute, wir schaffen es nicht, eine Million Flüchtlinge in Deutschland aufzunehmen? Ich sage nicht, dass es einfach ist – und ich weiß, dass wir mit vielen Problemen zu kämpfen haben. Aber unmöglich ist es für uns nicht. Deshalb werbe ich vor allem um Geduld, Verständnis und Veränderungsbereitschaft angesichts des wechselseitigen Kulturschocks.

Die entstehenden Parallelkulturen sind dabei auch für mich ein großes Fragezeichen. In New York, Paris oder London gibt es seit Jahrzehnten ein chinesisches, ein in-

disches und ein afrikanisches Viertel – und es funktioniert. Warum sollte es in Deutschland nicht in ein gutes
Miteinander münden, wenn wir die Weichen richtig stellen? Aber am Ende bleiben natürlich auch Zweifel – einfach weil die Mentalitäten von Land zu Land derart verschieden sind.

Mein Eindruck ist: Wir wollen in Deutschland immer
noch nicht wahrhaben, dass sich die Welt in Zeiten der
Globalisierung geändert hat. Flüchtlingsströme sind ein
Teil der Globalisierung – und ein Wagenburgdenken
hilft da nicht weiter.

Irgendwann werden wir an unsere Belastungsgrenze
kommen, das ist klar. Lösungen sind nicht bequem zu
haben. Aber wir müssen das Ganze aus unterschiedlichen Positionen betrachten. Und wir müssen wahrneh-
men, dass es für die Ankommenden ebenfalls nicht leicht
ist. Sie haben meist völlig andere Wertvorstellungen,
eine andere Bildung, eine andere Kultur. Und nun werden sie von jetzt auf gleich mit unseren Vorstellungen
konfrontiert. Ein Umdenken, ein Sich-aneinander-Ge-
wöhnen, das braucht viel Zeit. Und wir haben scheinbar
dafür oftmals nicht die Geduld.

Unser Land wird und muss sich verändern, so wie es
auch in den Generationen vor uns immer wieder große
gesellschaftliche Veränderungen gab.

Wenn 6 Millionen Deutsche innerhalb eines Jahrhunderts nach Amerika auswanderten, bedeutete dies auch,
dass diese Menschen hier eine Lücke hinterlassen haben.
Familien wurden auseinandergerissen, enttäuschte Le-
benspartner blieben zurück. Der elterliche Betrieb
musste von einem Fremden weitergeführt werden. Und
auch nicht alle haben ihr Glück gefunden. Manch einer
kam nach einiger Zeit im Ausland enttäuscht und mittel-
los wieder nach Hause.

Natürlich hinkt der Vergleich etwas – denn in den Vereinigten Staaten gab es damals reichlich Platz für die Neuankömmlinge, und man suchte für den Aufbau des Landes zahlreiche Arbeitskräfte. Aber es gab auch damals Flucht und Vertreibung. Die Indianer wurden gnadenlos aus ihren angestammten Gebieten vertrieben, um Raum für die neuen Siedler zu schaffen.

Viele aktuelle politische oder gesellschaftliche Entwicklungen kann der Einzelne überhaupt nicht mehr überblicken. Wir lesen die Zahlen, wir hören es in den Nachrichten. Da ist von einer »Obergrenze« die Rede, von Sammelzentren und manchem mehr. Wir müssen verstehen, was vor sich geht. Es braucht dazu klare Worte, weniger Vernebelungstaktik und mehr Überzeugungsarbeit. In Bayern saßen die Politiker früher mit am Stammtisch, genauso wie die Pfarrer am Sonntag am Frühschoppen teilgenommen haben. Heute hat man den Eindruck, dass manche den Kontakt zur Basis völlig verloren haben und über die Köpfe ihrer Wähler hinwegregieren.

Es braucht eine ganz andere Einstellung: Wir müssen unser Gegenüber und dessen Sorgen ernst nehmen. Und es ist nicht zu leugnen, dass viele Bürger Angst um ihre Zukunft haben. Andere, zu denen auch ich mich zähle, beklagen gerade bei den Parteien, die ein »C« im Namen tragen, den Verlust an christlichen Werten.

Wo ist die Obergrenze, was kann Deutschland aushalten?

Vorletztes Jahr wurden von all den Menschen, die zu uns kamen, letztlich etwas mehr als 280.000 als Asylsuchende bei uns anerkannt und aufgenommen – das haben wir am Ende gut verkraftet. Im Vorjahr waren es noch ca. 890.000 Asylsuchende.

»Insgesamt 256.136 Personen erhielten im Jahr 2016 die Rechtsstellung eines Flüchtlings nach der Genfer Konvention (36,8 Prozent aller Asylbewerber). Zudem erhielten 153.700 Personen (22,1 Prozent) subsidiären Schutz nach § 4 Absatz 1 des Asylgesetzes und 24.084 Personen (3,5 Prozent) Abschiebungsschutz gemäß § 60 Abs. 5 oder 7 Satz 1 des Aufenthaltsgesetzes.«[17] – So meldet es das Bundesamt für Migration und Flüchtlinge (BAMF).

Im ersten Jahr, als so viele kamen, sind sicherlich wegen der Eile, mit der gehandelt wurde, einige Dinge schiefgegangen. Die Behörden haben zum Teil nicht gut genug zusammengearbeitet, auch aus Überlastung. Was nicht gelaufen ist, muss nun nachgeholt werden. Wir müssen wissen, wer im Lande ist. Das ist in jedem Staat so. Man muss sicher manches mit Visa und befristeten Aufenthaltsgenehmigungen regeln. Aber wir dürfen bei allem Organisieren unsere Werte nicht aus dem Blick verlieren: Das Menschenrecht ist gesetzlich geregelt, im Grundgesetz verankert. Das sollten wir von Zeit zu Zeit einmal lesen:

Artikel 1

(1) Die Würde des Menschen ist unantastbar. Sie zu achten und zu schützen ist Verpflichtung aller staatlichen Gewalt.

(2) Das Deutsche Volk bekennt sich darum zu unverletzlichen und unveräußerlichen Menschenrechten als Grundlage jeder menschlichen Gemeinschaft, des Friedens und der Gerechtigkeit in der Welt.

...

Artikel 2

(1) Jeder hat das Recht auf die freie Entfaltung seiner Persönlichkeit, soweit er nicht die Rechte anderer verletzt und nicht gegen die verfassungsmäßige Ordnung oder das Sittengesetz verstößt.

(2) Jeder hat das Recht auf Leben und körperliche Unversehrtheit. Die Freiheit der Person ist unverletzlich. In diese Rechte darf nur aufgrund eines Gesetzes eingegriffen werden.

Artikel 3

(1) Alle Menschen sind vor dem Gesetz gleich.

(2) Männer und Frauen sind gleichberechtigt. Der Staat fördert die tatsächliche Durchsetzung der Gleichberechtigung von Frauen und Männern und wirkt auf die Beseitigung bestehender Nachteile hin.

(3) Niemand darf wegen seines Geschlechtes, seiner Abstammung, seiner Rasse, seiner Sprache, seiner Heimat und Herkunft, seines Glaubens, seiner religiösen oder politischen Anschauungen benachteiligt oder bevorzugt werden. Niemand darf wegen seiner Behinderung benachteiligt werden.

Artikel 4

(1) Die Freiheit des Glaubens, des Gewissens und die Freiheit des religiösen und weltanschaulichen Bekenntnisses sind unverletzlich.

(2) Die ungestörte Religionsausübung wird gewährleistet.

(3) Niemand darf gegen sein Gewissen zum Kriegsdienst mit der Waffe gezwungen werden. Das Nähere regelt ein Bundesgesetz.

Artikel 5

(1) Jeder hat das Recht, seine Meinung in Wort, Schrift und Bild frei zu äußern und zu verbreiten und sich aus allgemein zugänglichen Quellen ungehindert zu unterrichten. Die Pressefreiheit und die Freiheit der Berichterstattung durch Rundfunk und Film werden gewährleistet. Eine Zensur findet nicht statt.

(2) Diese Rechte finden ihre Schranken in den Vorschriften der allgemeinen Gesetze, den gesetzlichen Bestimmungen zum Schutze der Jugend und in dem Recht der persönlichen Ehre.

(3) Kunst und Wissenschaft, Forschung und Lehre sind frei. Die Freiheit der Lehre entbindet nicht von der Treue zur Verfassung.

Artikel 6

(1) Ehe und Familie stehen unter dem besonderen Schutze der staatlichen Ordnung.

(2) Pflege und Erziehung der Kinder sind das natürliche Recht der Eltern und die zuvörderst ihnen obliegende Pflicht. Über ihre Betätigung wacht die staatliche Gemeinschaft.

(3) Gegen den Willen der Erziehungsberechtigten dürfen Kinder nur aufgrund eines Gesetzes von der Familie getrennt werden, wenn die Erziehungsberechtigten versagen oder wenn die Kinder aus anderen Gründen zu verwahrlosen drohen.

(4) Jede Mutter hat Anspruch auf den Schutz und die Fürsorge der Gemeinschaft.

(5) Den unehelichen Kindern sind durch die Gesetzgebung die gleichen Bedingungen für ihre leibliche und seelische Entwicklung und ihre Stellung in der Gesellschaft zu schaffen wie den ehelichen Kindern. ...[18]

Auf diese Grundrechte können wir stolz sein! Wie viele Nationen auf der Erde sichern ihren Bürgern solche Rechte zu – und wer schafft den Rahmen, dies auch in der Realität weitgehend umzusetzen? Entstanden ist das Grundgesetz unter dem Eindruck der Repressalien eines totalitären Staates, dessen verheerendes Wirken wir heute unter dem Begriff Drittes Reich subsumieren. Und unter dem Eindruck eines verlorenen Kriegs, der Millionen von Menschen den Tod, Leid und Elend brachte. Das alles darf nicht vergessen werden.

Die Grundrechte sind das eine. Gut, dass es sie gibt. Aber ich möchte zusätzlich auf die Menschenwürde in Artikel 1 des Grundgesetzes pochen. Ich kann sie nicht einklagen. Aber ich kann widersprechen, wenn sie verletzt wird, wenn ein anderer Mensch Schaden nimmt. Man muss sie vorleben. Sie müssen erfahrbar werden. Jeder und jede ist dabei gefragt.

Früher hat man einander gesagt: Das tut man nicht. Heute gibt es kaum noch Tabus. Jetzt sehen wir die

Folgen. Ich bin überzeugt, dass sich jeder von uns selbst Grenzen setzen muss. Dass wir uns neu bewusst werden müssen, was wirklich zählt, gerade weil wir oft schwach sind, wenn es um Entscheidungen geht.

Christlich?

Ich verstehe, dass einige Angst vor einer Islamisierung unseres Landes haben, weil zu viele Muslime dieses Ziel bewusst auf ihre Fahne schreiben. Die Weltislamkonferenz hat schon in den 1970er- und 80er-Jahren die Islamisierung Europas auf die Tagesordnung gesetzt. Ich habe nie verstanden, dass das nicht gesehen wurde. Und mir fällt in diesen Tagen auch eines wieder massiv auf: Wir beklagen uns zu Recht über die Einschränkung der Religionsfreiheit in China. Aber was ist mit der Religionsfreiheit in Saudi-Arabien? Die großen christlichen Kirchen müssen viel stärker den Finger in die Wunde legen, wenn in islamischen Ländern Christen verfolgt werden.

Sobald es einem gut geht, wird man nachlässig. Das ist eine typische menschliche Haltung. Nach dem Krieg ist man in die Kirchen gerannt, damit einem der Herrgott einen Sack Kartoffeln schenkt, so formuliere ich es mal lapidar. Und sobald man satt ist, braucht man den Herrgott nicht mehr. Unsere Gesellschaft hat ihre Wurzeln vergessen. Auch wenn es ganz unmodern klingt: Für mich als Christ ist das Entscheidende, dass ich Gott als die absolute Norm betrachte. Vor ihm fühle ich mich verantwortlich. Und der Glaube an Gott ist in meinen Augen eine entscheidende Basis für Verantwortungsbewusstsein und Menschlichkeit, für Barmherzigkeit statt Gnadenlosigkeit.

Eines steht fest: Christlich ist der Gedanke der Abschottung nicht. Jesus hätte die Türen für diejenigen, die Hilfe brauchen, weit aufgemacht und jedem, der in Not ist, die Hand gereicht. Das biblische Gleichnis, in dem es um fünf Brote und drei Fische geht, die am Ende ausreichen, um eine riesige Menge von Menschen satt zu machen, zeigt seine Sicht der Dinge. Wenn wir von Herzen teilen, wird es am Ende gut aufgehen. Nur so können wir gemeinsam Heimat gestalten.

Es gibt bisweilen vonseiten der Flüchtlinge die Erwartung der unbegrenzten Hilfe. Das geht natürlich leider so nicht auf. Einige Flüchtlinge, die nach Europa kommen, haben ein falsches Bild im Kopf. Man muss festhalten, dass auch wir mit unseren Möglichkeiten begrenzt sind – auch wenn wir sicherlich mehr zur Verfügung haben als die meisten Menschen auf der Erde.

Wie kann Integration gelingen?

Es wird Zeit brauchen, bis diejenigen, die zu uns kommen, wirklich bei uns zu Hause sind. Und es braucht den erklärten Willen, sich tatsächlich zu integrieren, trotz aller kulturellen Unterschiede. Dass wir uns den örtlichen Gepflogenheiten anpassen, das erwartet man auch von uns, wenn wir im Ausland unterwegs sind.

Wie begrüßt man seinen Gastgeber? Wie verhält man sich richtig, wenn man jemandem auf der Straße begegnet? Was antwortet man, wenn einem zum Mittagessen der gelbe Hund auf dem Teller serviert wird, der vorhin die ganze Zeit im Hof herumlief? Und wie geht man damit um, wenn einem beim Anblick der zerhackten Schlange auf dem Tischgrill fast schlecht wird? Ablehnen oder essen? Wie betritt man eine Moschee oder eine Synagoge? Was macht man als Protestant in einem katholischen Gottesdienst in Rom? Es braucht Fingerspitzengefühl und die Bereitschaft, sich auf den anderen und dessen Vorstellungen einzulassen, um nicht permanent anzuecken und den anderen zu verletzen.

Wer zu uns kommt, muss unsere Grundwerte nicht nur kennen, sondern auch akzeptieren. Und er muss unsere Gesetze achten, dazu bereit sein, sich intensiv mit unserer Kultur und unseren religiösen Vorstellungen zu beschäftigen. Ist das zu viel verlangt?

Das Grundgesetz und die Genfer Flüchtlingskonvention gewähren Schutz bei politischer Verfolgung und einer Gefahr für Gesundheit und Leben. Es besteht allerdings keine Pflicht zur dauerhaften Aufnahme und Integration von Asylsuchenden und Flüchtlingen. Wenn die Gründe für die Gewährung von Asyl entfallen, muss es möglich sein, Menschen auch wieder in ihre Herkunftsländer zurückzuschicken. Nebenbei bemerkt: Sie werden dort gegebenenfalls für den Wiederaufbau auch dringend gebraucht.

Wenn einer sich nicht an unsere Ordnungen halten will und unsere Kultur nicht respektiert, das möchte ich klar sagen, hat er aus meiner Sicht bei uns nichts verloren. Was bewegt Menschen, die als Asylanten zu uns kommen und dann in irgendeiner Form gewalttätig werden? Auf diese Fragen müssen wir Antworten finden, um sinnvoll gegensteuern zu können.

Wenn man als Deutscher in Istanbul eine Messerstecherei lostreten würde, drohen einem drakonische

Strafen. Da fragt keiner nach eventuellen seelischen Verletzungen, die der Messerstecher vielleicht in seiner Kindheit erlitten hat ...

Wenn Muslime in den Asylbewerberunterkünften den Christen sagen: »Ihr habt hier nichts zu suchen«, dann wird eine Grenze überschritten. Für mich gibt es da kein Pardon. Dann kann man denen, die sich derart verhalten, nur noch sagen: »Ab durch die Mitte, ihr habt hier nichts verloren.« Wir müssen diese Menschen direkt dorthin zurückschicken, woher sie kommen. Denn Toleranz gegenüber anderen Religionen, das ist uns in unserer Demokratie ein ganz wichtiges Gut.

Aber so weit sollte es nicht kommen. Es muss einen anderen Weg geben, einen pädagogischen Ansatz, mit dem wir ins Gespräch kommen, bevor die Lage derart eskaliert. Wir müssen zu einer Offenheit im Umgang miteinander finden.

Einfach ist dies nicht. Viele, die aus muslimischen Ländern zu uns kommen, sind von ihrer Tradition her tief religiös geprägt, von Kindheit an. Da ist es sehr schwer umzudenken. Wenn ein Salafistenprediger gesagt hat: »Die muslimischen Frauen müssen verhüllt bleiben, wir lassen es nicht zu, dass sie herumlaufen wie die Deutschen, denn die Männer können sich nicht halten« – wie gehen wir damit um?

Am Ende müssen wir ihnen sagen: »Dann bringt euren Männern eben bei, sich zu beherrschen!« Denn so ist das bei uns. Hier gelten bestimmte Regeln im Umgang miteinander, die sicherstellen, dass eine Frau auch unverschleiert auf der Straße unterwegs sein kann – wann immer sie will. Natürlich gibt es auch bei uns zuweilen Übergriffe, auf Frauen und auf Männer. Aber es kann nicht sein, dass es notwendig wird, sich deshalb unter einem weiten schwarzen Umhang zu verstecken.

Es braucht eine islamische Aufklärung und einen konsequenten Rechtsstaat, der die demokratischen Grundwerte durchsetzt. Bei uns gilt eben nicht die Scharia, sondern das Grundgesetz.

Wir müssen auf eine gemeinsame Verständnisebene kommen.

Es geht um grundlegende Verhaltensfragen für ein Leben in unserem Kulturkreis. Wir brauchen dafür klare Grenzen. Und doch wird es immer einen Ermessensspielraum geben. Das ist Teil unserer Freiheit in einer Demokratie.

Wir Deutschen fragen dann oft: »Wie weit darf das gehen?« Aber es gibt kein Ermessen, wenn wir letztlich doch alles bis ins kleinste Detail regeln. Dann hebt sich die Freiheit selber auf.

Es lohnt ein Blick in die fast 1.500 Jahre alte Regel Benedikts. Dort heißt es: »Wenn fremde Mönche kommen, soll man sie liebevoll aufnehmen. Wenn sie länger bleiben wollen, sollen sie auch länger bleiben. Wenn sie sich gut einfügen, sollen sie auch Änderungsvorschläge einbringen dürfen. Dann soll der Abt sich fragen, ob sie ihm nicht der Herrgott geschickt hat. Wenn sie aber anmaßend werden, dann soll er ihnen höflich, aber deutlich bedeuten, sie sollen wieder gehen.« Mit dieser benediktinischen Grundhaltung lässt sich vieles in aller Klarheit regeln – immer mit Blick auf den einzelnen Menschen.

Sechs Jahre lang haben wir in St. Ottilien einer Familie, die bei uns angeklopft hatte, weil man sie abschieben wollte, Kirchenasyl gewährt. Es entstand eine schwierige Pattsituation, weil sich nichts bewegen ließ. Die Familie durfte nicht bleiben – und wir haben ihr trotzdem weiterhin Schutz gewährt. Der damalige bayerische Innenminister Günther Beckstein sagte mir dann irgendwann, als schon einige Zeit vergangen war: »Wissen Sie, es gibt keine Möglichkeit, dass die Leute bleiben. Wir müssen sie auf jeden Fall abschieben.« Dann hat man den Familienvater, als sich die Gelegenheit dazu ergab, in Abschiebehaft genommen. Doch wir haben ihn aus dieser misslichen Lage wieder herausbekommen, weil ein Amtsrichter entschieden hat: »Kirchenasyl ist kein Grund für Strafverfolgung oder Haft. Man weiß ja jederzeit, wo er ist, und kann jederzeit auf ihn zugreifen.« Der Innenminister hatte dann folgenden Gedanken: Der Mann soll in die Westtürkei abgeschoben werden und sich dort eine neue Existenz aufbauen. Und seine Familie kann dann nachziehen. Sie stammte aus der Osttürkei, wo dem Mann Verfolgung drohte. Da habe ich den Innenminister gefragt: »Was tut ein Kurde aus der Osttürkei in der Westtürkei? Wie will der Mann sich dort etwas aufbauen? Dort herrscht das Clanwesen, seine eigene Familie ist weit weg. Der Mann ist hoffnungslos verloren, das ist der Anfang vom Ende. Und ich hocke hier mit der Frau und den sechs Kindern. Das machen wir nicht.«

Der Innenminister hat das dann letztlich glücklicherweise auch eingesehen und mit dem türkischen Botschafter gesprochen, um zu erreichen, dass die Familie eventuell doch in die Türkei zurückkehren kann, ohne dort weiter bedroht zu werden. Aber er hat sich kurz darauf am Biertisch in München verplappert, so ist die Sache öffentlich und damit schwierig geworden.

Die Menschen, die uns damals bei der ganzen Aktion unterstützten, hatten uns zu dieser Zeit schon eine ganze Weile geraten, wir müssten mehr Druck ausüben und mit dem Fall an die Öffentlichkeit gehen. Wir hatten eine andere Sicht der Dinge und haben weiter stillgehalten. Aber nachdem die Sache am Biertisch zur Sprache gekommen war, stand es in der *Süddeutschen Zeitung*. Dann mussten wir handeln. Günther Beckstein hatte zwischenzeitlich auch noch mit dem polnischen Innenminister gesprochen und erreicht, dass die gesamte Familie, die wir so lange beherbergt hatten, nach Breslau ausreisen konnte. Und als einige Zeit später Polen in die EU kam, kehrte auch die Familie nach Deutschland zurück. Inzwischen sind sie wirklich gut versorgt, alle haben einen Beruf, die Kinder haben geheiratet. Und nach wie vor stehen wir miteinander in losem Kontakt. Mich hat die ganze Geschichte gelehrt, dass man sich nicht der Obrigkeit beugen sollte, wenn man für eine gerechte Sache eintritt und Menschen unsere Hilfe brauchen. Und dass es klug ist, abzuwarten und gelassen zu bleiben. Am Ende wird das Gute die Oberhand behalten.

Ich beneide keinen Polizisten, der jemanden abschieben muss.

Und erst recht mache ich mir Gedanken um die armen Leute, die dann in ihrem Heimatland vielleicht ins Gefängnis müssen, weil sie aus politischen oder religiösen Gründen verfolgt werden. Solche Menschen brauchen unsere volle Unterstützung, wenn es irgendwie möglich ist.

Andere haben die Abschiebung verdient. Menschen, die bei uns Asyl suchen, dann aber hier straffällig werden, haben in unserem Land nichts verloren.

Das wiederhole ich hier bewusst noch einmal. Denn ich denke, da müssen wir stets Kante zeigen und schnell »Klarschiff« machen, damit diese Botschaft auch draußen ankommt. Denn so etwas erfahren die Menschen in den Herkunftsländern sehr rasch. Wenn die Runde macht: »Sobald du dort straffällig wirst, schicken sie dich zurück, dann kommst du vom Regen in die Traufe«, werden es sich manche zweimal überlegen, was sie tun.

Und es bleibt eine bittere Wahrheit: Wir können nicht die ganze Welt retten. Sicherlich können wir etwas zur Linderung der Probleme beitragen – aber irgendwo sind auch uns Grenzen gesetzt. Ich kann nun mal nicht in einem Glas, das einen halben Liter fasst, einen ganzen Liter transportieren. Das geht einfach nicht.

Abschiebung ist eine problematische Sache. Die Entscheidung ist im Einzelfall immer Ermessenssache. Es bedarf der intensiven Auseinandersetzung. Das ist nicht leicht. Aber wo ist im Leben etwas leicht?

Herausforderungen

Integration bedeutet nicht, irgendwie nebeneinanderher zu leben und den anderen zu dulden. Wir können zum Beispiel nicht akzeptieren, dass sich jemand weigert, die deutsche Sprache zu erlernen. Genauso wenig darf jemand, der bei uns um Aufnahme bittet, die Grundlagen unserer Gesellschaft infrage stellen oder diese sogar bekämpfen. Wenn dies der Fall ist, gilt es, Grenzen zu ziehen. Für diejenigen, die unsere Grundwerte ablehnen und Gesetze übertreten, ist bei uns kein Platz. Solche Menschen auszuweisen halte ich für das Gebot der Stunde. Denn ansonsten ist ein vernünftiges Miteinander nicht möglich. Und jeder, egal ob er hier geboren ist oder nicht, muss sich für die Gemeinschaft aller engagieren. Integration beginnt im Kleinen, erfordert viel Zeit und Kraft – dies zu leisten bleibt die Aufgabe von uns allen.

Eine wirklich große Hürde gilt es zu nehmen: Wir haben ein völlig unterschiedliches Verständnis von Religion. Während bei uns die Meinung vorherrscht, dass Religion ein Thema für einige Interessierte ist, die sich sonntags die Zeit nehmen, in die Kirche zu gehen, hat der Glaube für einen Muslim einen ganz anderen Stellenwert. Für ihn ist seine Religion mit einem allumfassenden Anspruch verbunden. Sie steht über allem, ist nicht ein Aspekt des gesellschaftlichen Lebens, sondern durchdringt das Leben in seiner ganzen Tiefe. Das reicht von Alltagsfragen bis zu politischen Entscheidungen.

Deshalb erklärt der Journalist Joachim Wagner in seinem Buch »Die Macht der Moschee« die bisherige Integrationspolitik für gescheitert. Politik und Gesellschaft haben nach seiner Einschätzung die Bedeutung der islamischen Religion, Kultur und Tradition für die Integration unterschätzt und viele aufkommende Fragen tabuisiert. Aus seiner Sicht muss deshalb unsere bisherige Flüchtlings- und Bildungspolitik radikal überdacht und verändert werden. Ich teile diese Einschätzung. Und ich weiß: Der Umgang mit religiösen Fragen ist entscheidend für eine erfolgreiche Integration. Wenn wir Menschen, deren gesamtes Leben sich um das Thema Glaube dreht, wirklich in unsere Gesellschaft integrieren wollen, müssen wir bei diesem Thema ansetzen.

Mein Eindruck: Das ist vielen Politikern nicht so richtig klar – oder sie scheuen es, den Punkt anzusprechen, weil sie selbst keinen Bezug zu Glaubensfragen haben und deshalb das Thema als abwegig betrachten. Glaube ist mehr als eine Weltanschauung.

Manchen ist es auch schlicht zu privat, die ganze Fragestellung ein heißes Eisen, an dem man sich schnell die Finger verbrennen kann. Wo kämen wir hin, wenn wir andere in ein Gespräch über deren Glaubensvorstellung verwickeln wollen?

Seit dem Jahr 2011 sind mehr als 1,7 Millionen Muslime zu uns ins Land gekommen. Viele wollen sich verständlicherweise ihre kulturelle Identität bewahren. Hinzu kommt der Missionsgedanke. Wer von seinem Glauben überzeugt ist, will andere dafür gewinnen. Joachim Wagner schreibt in seinem bereits erwähnten Buch, dass nach empirischen Studien von allen Migrantengruppen die Muslime am schlechtesten kulturell integriert seien. Schulen haben aus seiner Sicht eine Schlüsselfunktion für die Integration. Gleichzeitig hält er Kitas und Schulen in diesem Punkt für überfordert. Bundesweit hätten knapp 30 Prozent der Schüler einen Migrationshintergrund, in Großstädten knapp 50 Prozent, in manchen sozialen Brennpunkten bis zu 90 Prozent. Der zunehmende Anteil von muslimischen Kindern stellt die Lehrerschaft vor zahlreiche neue Probleme. Dies reicht vom Umgang mit muslimischen Feiertagen bis zur teilweise erschwerten Kommunikation mit den Eltern. Joachim Wagner fordert deshalb nicht nur eine Ausbildungsoffensive für Erzieher, Sozialpädagogen und Lehrer (mit einem Schwerpunkt bei der interkulturellen Kompetenz), sondern auch die Einstellung einer größeren Anzahl neuer Kräfte und Leitlinien für die Wertevermittlung an Schulen.

Peer Steinbrück schrieb zum selben Thema in einer Buchrezension über Joachim Wagner, »Die Macht der Moschee«, in DIE ZEIT: »Wir haben ein Problem, das ohne Gegensteuerung wachsen wird. Dieses Integrationsproblem erstreckt sich überwiegend auf den muslimischen Teil der Zuwanderer. Was nicht davon ablenken sollte, dass sich auch ein nennenswerter Teil der einheimischen Bevölkerung abgekoppelt fühlt und in Parallelgesellschaften einrichtet, die sich von der Politik, vom Staat und selbst unserer Demokratie enttäuscht abwenden. In beiden Fällen spielen soziale Ursachen eine zentrale Rolle. Die Vermittlung von Sprachkompetenz, Schulabschlüssen und Jobs (auch auf einem sozialen Arbeitsmarkt), die Bereitstellung bezahlbarer Wohnungen, eine Stadtpolitik, die der Ghettoisierung entgegenwirkt, und eine Quartierspolitik, die den öffentlichen Raum nicht verkommen lässt, dringen in den Fokus und verlangen nach einer Konzentration öffentlicher Mittel.

Geld allein wird es allerdings nicht richten. Es geht nicht nur um die personelle Ausstattung öffentlicher Institutionen, die Aus- und Fortbildung ihres Personals oder die Zuweisung zusätzlicher Ressourcen für Schulen in sozialen Brennpunkten. Ebenso wichtig sind ihre ideelle und politische Unterstützung und Aufwertung, Spielräume ihrer Selbstorganisation vor Ort, die Entlastung von ›nice to have‹-Aufgaben und die Entwicklung problemadäquater Konzepte unter Heranziehung unterschiedlicher fachlicher Disziplinen.«[19]

Wir wissen nicht, wie viele Zuwanderer wir auf Dauer in unserem Land integrieren können – oder müssen. Es geht dabei beileibe nicht nur um Sprachunterricht, sondern vor allem darum, dass sich die Menschen an eine ihnen bislang völlig fremde Kultur gewöhnen müssen. Dies wird Jahre, wenn nicht Jahrzehnte dauern. Die Herausforderungen werden bleiben, denn wir sind mit Mentalitäten konfrontiert, die so ganz anders sind als die unseren.

Hinzu kommt, dass nahezu alle Flüchtlinge eine abenteuerliche und gefährliche Reise hinter sich haben. Wer nach einem Marsch durch die Sahara das Mittelmeer in einem Schlauchboot durchquert hat, der ist aus hartem Holz geschnitzt, sonst überlebt er das nicht. Vielfach haben die Menschen, die zu uns kommen, lange in Kriegsgebieten gelebt und sind schwer traumatisiert. Gewalt war ein großes Thema in ihrer Jugend, vor Gewalt sind sie geflohen. Vielleicht haben sie miterleben müssen, wie ihre Mutter, ihr Vater, ihre Geschwister getötet wurden? Oder sie haben gute Freunde auf der Flucht verloren. Auf jeden Fall, das ist klar, wird es vermutlich lange dauern, bis sich in ihrem neuen Leben so etwas wie Alltag entwickeln kann.

Wenn Traumata nicht aufgearbeitet, seelische Verletzungen nicht behandelt werden, wird sich vermutlich wenig zum Besseren wenden. Und die Menschen brauchen eine Aufgabe. Sie in irgendwelchen »Übergangslagern« unterzubringen und sie dort weitgehend sich selbst zu überlassen, das funktioniert überhaupt nicht. Wir müssen die Menschen, die zu uns kommen, auch in einer guten Art und Weise fordern und fördern, damit sie irgendwann in der Lage sind, sich selber zu helfen. Sie dürfen nicht zu lange bei uns am Tropf staatlicher Versorgung hängen. Ohne Arbeit herumzusitzen, das geht nicht. Der Mensch braucht die Herausforderung, eine Aufgabe. Sonst wird er auf Dauer krank oder aggressiv.

So müssen die Menschen, die zu uns geflohen sind, auf jeden Fall schnell an die Arbeit gebracht werden. Sie brauchen eine Ausbildung, einen Praktikumsplatz, eine feste Arbeitsstelle. Das wird alles andere als einfach, da fast alle zuerst unsere Sprache lernen müssen. Viele haben aufgrund der Situation in ihrem Heimatland, wo seit Jahren Krieg herrscht, nicht regelmäßig eine Schule besuchen oder eine Ausbildung absolvieren können. Oder ihre Ausbildung wird bei uns nicht anerkannt.

Hinzu kommt das Misstrauen, das einige Extremisten ja bewusst gesät haben. Menschen, die auf der Flüchtlingsroute zu uns gekommen sind, um den Terror in die europäischen Großstädte zu tragen und so ihre Vorstellung von einem »Heiligen Krieg« umzusetzen. Das hat Spuren hinterlassen, auch wenn immer wieder betont wurde, dass wir uns davon nicht unterkriegen lassen. Viele sorgen sich um ihre Sicherheit, erst recht nach dem Anschlag in Berlin oder dem Mord in Freiburg. Und leider müssen wir damit rechnen, dass es nicht dabei bleibt.

Aber man kann es nicht oft genug sagen: Das sind die Ausnahmen. In der Regel läuft es ganz anders. Im Kloster St. Ottilien beherbergen wir seit einigen Jahren 20 Asylanten. Wir gehörten zu den Ersten im Landkreis, die Flüchtlinge aufgenommen haben. Die Menschen, die bei uns ein eigenes Haus auf unserem Klostergelände bewohnen, sprechen inzwischen gut Deutsch und haben Arbeit gefunden. Aber sie bleiben unter sich. Das ist auch ihr gutes Recht. Wenn wir einander begegnen, grüßen wir uns freundlich. Und sie sind dankbar, dass wir ihnen eine Bleibe gegeben haben. Und alle fühlen sich augenscheinlich wohl bei uns in St. Ottilien. Sie haben hier eine neue Heimat gefunden. Zukunft kann nur in einem großen Miteinander gelingen.

Vor einigen Tagen habe ich einen Artikel in der *Süddeutschen Zeitung* gelesen, einen Kommentar von Stefan Ulrich, der mich ziemlich beschäftigt hat. Angesichts der anhaltenden Regierungskrise und der heftigen Diskussionen zwischen Horst Seehofer auf der einen Seite und Angela Merkel auf der anderen, stellt er fest:

»... die Rechtspopulisten verstehen es, das Flüchtlings-thema als Brecheisen zu benutzen, um die gesunden Strukturen Europas auszuhebeln. Sie wollen die Menschen glauben lassen, das größte Problem der Zeit seien Flüchtlinge. Und viele Bürger fallen darauf rein.

... Nachdem Deutschland auch noch der alte Verbündete Italien weggebrochen ist, steht die Bundesregierung vor einer tristen Alternative: Entweder sie akzeptiert die unfaire Lösung, wonach Deutschland auch künftig die Hauptlast trägt, was zum Zerbrechen der Union aus CDU und CSU sowie der gesamten Regierung führen kann. Oder sie schwenkt auf eine wenig humane Lösung ein, die die EU abriegelt und Migranten in Massenlagern in Nordafrika oder Albanien interniert, um die meisten von ihnen wieder in die Wüste zu schicken.

... Für die Rechtspopulisten wäre eine solche Wende in der Flüchtlingspolitik ein Triumph. Sie sollten dann aber den Restanstand besitzen, sich nie mehr als Verteidiger eines christlichen Abendlandes im Zeichen des Kreuzes auszugeben. Denn christlich ist ihr Handeln weiß Gott nicht.«[20]

Wechsel der Blickrichtung

Manche Diskussionen befremden mich. Wir als Deutsche sehen gerne vor allem das Negative und die Probleme, blicken prinzipiell mit Sorge in die Zukunft. Es scheint fast so, als hätten wir grundsätzlich einen Hang zum Schwarzsehen entwickelt. Im Vergleich zu den Italienern, in deren Kreisen ich mich lange bewegt habe, sind diese eher die Optimisten. Denn sie sind sich sicher: Irgendwie wird es schon gehen, egal wie schwierig die

Lage gerade ist. Man nimmt die Dinge lockerer, weniger verbissen – auch wenn natürlich in den südlichen Ländern die Wogen der Emotionen manchmal ziemlich hoch schlagen. Das ist eine Frage des Temperaments. Da wird geschrien und getobt, geweint und geklagt – und dann schaut man nach vorne, wie es trotz allem gut weitergehen könnte. Wir hingegen bewegen uns, auch wenn es fast allen, objektiv betrachtet, eigentlich richtig gut geht, emotional gerne auf einer Abwärtsspirale. Nach dem Motto: »Wo und wie soll das noch alles enden?«

Verfolgt man die Reden und das Handeln unserer Politiker, kann man zwei verschiedene Typen beobachten: Die einen sind permanent dabei, sich und uns die Welt schönzureden. »Wir sind auf einem guten Weg.« – »Die Lage hat sich grundlegend verbessert.« – »Wir haben alles im Griff.« Und die anderen malen permanent den Teufel an die Wand. Da wird uns erzählt, dass es, wenn es so weitergeht, kaum noch eine Chance gibt, die negativen Entwicklungen aufzuhalten. Dass wir kurz davorstehen, von den eindringenden Flüchtlingsmassen überfremdet zu werden. Oder dass unsere Arbeitsplätze in Zukunft nicht mehr sicher sind, weil sie uns andere wegnehmen werden.

Und was stimmt nun?

Für mich steht fest: Weder das eine noch das andere ist hilfreich. Schönreden ist keine Option. Und den ewigen Schwarzsehern, Miesmachern und geistigen Brandstiftern muss man das Handwerk legen. Von ehrenamtlichen Helfern bekomme ich hingegen erstaunlich oft sehr positive Rückmeldungen.

Es ist auch nicht nur ein Thema der Politiker. In den kommenden Jahren wird es eine zentrale Aufgabe des Staates sein, unser Wirtschafts- und Sozialsystem neu zu justieren. Von einer sozialen Marktwirtschaft, die lange

Zeit als unser Erfolgsmodell gepriesen wurde, kann seit einiger Zeit keine Rede mehr sein. Da stopfen sich Topmanager die Taschen voll und liefern dafür teilweise nur mittelmäßige Leistungen ab. Sie belügen Kunden und Mitarbeiter und werden am Ende noch mit einer Millionensumme abgefunden. Das Victory-Zeichen eines bekannten Bankmanagers ist vielen in diesem Zusammenhang noch sehr präsent.

Es braucht dringend eine Weiterentwicklung unserer Marktwirtschaft – und vor allem braucht es Leistungsgerechtigkeit. Leistung und Gerechtigkeit müssen in einen vernünftigen Zusammenhang gestellt werden. Wie kann es sein, dass ein Firmenlenker ein sechs- oder siebenstelliges Jahresgehalt hat und seine Mitarbeiter zusätzlich staatliche Leistungen beziehen müssen, damit die Familie über die Runden kommt? Und wie kann es sein, dass in Familien beide Elternteile arbeiten müssen, damit es letztlich zum Leben reicht, wenn gleichzeitig die Unternehmen ihr Geld an der Steuer vorbei ins Ausland schaffen?

Es braucht mehr Unterstützung für junge Familien, denn die Erziehung unserer Kinder und die Stabilität der Familien an sich sind wichtig. Menschen, die aus irgendeinem Grund keine Arbeit mehr finden, die sie leisten können; Kranke, Schwache und alte Menschen, sie alle brauchen staatliche Hilfen. Und diejenigen, die arbeiten können, müssen auch dazu gebracht werden, eine Arbeit aufzunehmen. Sonst werden wir keine Zukunft gewinnen, und unser gesellschaftliches Miteinander gerät total aus den Fugen.

Aber das Ganze hat auch eine Kehrseite: Je stärker der Staat agiert, desto weniger sieht der Einzelne, dass seine persönliche Leistung gebraucht wird. Und je mehr der

Staat in Entwicklungen eingreift, desto weniger Freiheit hat der Einzelne zum Handeln. Wir brauchen die Freiheit – und weniger Abhängigkeit. Denn das Gefühl, die Dinge selbst in die Hand nehmen und weiterentwickeln zu können, ist entscheidend, damit sich Menschen für etwas engagieren. Die Balance ist entscheidend.

Wir sollten uns zudem von der Idee verabschieden, dass Politik nur dann gut und menschlich ist, wenn sie den Menschen alles gibt, was sie fordern.

Die angebliche Zuständigkeit des Staates für das Glück des Einzelnen macht keinen Sinn. Stattdessen ist es an der Zeit, mehr Selbstverantwortung einzufordern. Denn es kann auf Dauer nicht gut gehen, immer wieder nach staatlicher Unterstützung zu rufen. Denn statt Glück oder sozialer Gerechtigkeit handeln wir uns mit einer solchen Politik vor allem immer mehr Bürokratie ein – und damit eine schleichende Entmündigung des Einzelnen. Wer soll die ganzen Hilfeleistungen verwalten, wer soll letztlich für Gerechtigkeit und permanenten Ausgleich sorgen? Und wer soll das alles bezahlen?

Jeder muss sich darüber klar werden, dass er nicht allein auf der Welt ist. Wir müssen aufeinander achten, uns mit Respekt begegnen und aufeinander hören. »Tu nichts ohne Rat, dann brauchst du hinterher nichts zu bereuen«, so hat es der heilige Benedikt formuliert.

Wenn wir Gemeinschaftseigentum, staatliche Gelder und Aufgaben verteilen, dann muss es dabei gerecht zugehen. Gerechtes Teilen des gemeinsam Geschaffenen war und ist seit jeher die Grundlage des inneren Friedens in jeder Gesellschaft. Wenn dies nicht gelingt, gab und gibt es immer wieder Streit und Konflikte – bis hin zum Krieg. Die Solidarität mit den Menschen in den ärmeren Ländern der Welt und der Blick auf die vielen Konfliktherde sollten die etablierten Industrienationen daran erinnern, dass sie ihren Wohlstand teilen müssen, um den Frieden nicht zu gefährden.

Wir können es nicht dem Staat überlassen, zu helfen und die Weichen richtig zu stellen. Eine Behörde ist mit einigen Fragestellungen schlicht überfordert. Dort arbeitet man zwischen 8.00 und 16.30 Uhr, dort warten Hunderte auf den Gängen und ziehen eine Nummer, um sich in die Schlange der Ratsuchenden einzureihen. Aber das Leben findet woanders statt. Wir können das Thema Integration nicht allein dem Staat zuschieben. Nach dem Motto: »Die sollen es mal richten.« Denn es wird dann ziemlich sicher eine Bruchlandung geben. Zu viele Themen sind zu bewältigen, so viele Fragen gleichzeitig zu klären. Und alles braucht Zeit und Geld.

Ein staatlich organisierter Deutschunterricht für Geflüchtete, für Asylbewerber, ist wichtig und gut. Aber er reicht nicht aus. Am Ende bekommen die Teilnehmer ein Zertifikat, dass sie dabei waren. Und dann gehen sie zurück in ihr Massenquartier, wo man untereinander ausschließlich die vertraute Muttersprache spricht.

Wie kann unsere Unterstützung konkret werden?

Nehmen wir die Menschen, die zu uns kommen, liebevoll an die Hand und fragen sie, wie es ihnen geht, wo sie der Schuh drückt. Gehen wir mit ihnen aufs Amt, helfen wir ihnen, dort die komplizierten Formulare auszufüllen. Ihre Kinder brauchen vielleicht Unterstützung bei den Schulaufgaben, die Erwachsenen Hilfe bei der Suche nach Arbeit, beim Gang zum Arzt oder beim Einkaufen. Zeigen wir denen, die zu uns kommen, was für uns wichtig ist. Zum Beispiel, wie man sich verhält, wenn man einander begegnet. Wie man achtsam miteinander umgeht. Dass es bei uns üblich ist, Frauen respektvoll zu behandeln. So entsteht Nähe, ein neues Miteinander.

Ich weiß: Hunderttausende haben bereits den ersten Schritt getan, sich in der Flüchtlingshilfe engagiert und all das geleistet, was ich eben aufgeführt habe.

Das ist großartig! Und es verdient unser aller Respekt und unseren Dank!

Aber es gibt auch diejenigen, die nur dabeistehen und permanent lamentieren, was alles nicht funktioniert. Dass es so auf keinen Fall etwas werden wird. Und dass man die zu uns Geflüchteten am besten gleich wieder nach Hause schicken soll, weil es ohnehin keinen Sinn macht, sie hierzubehalten. Dass eine Integration schlicht nicht möglich ist.

Solches Schwarz-Weiß-Denken, gepaart mit eigenem Nichtstun, macht mich immer wieder sprachlos. Noch dazu, weil oftmals diejenigen am lautesten ihre Stimme erheben, die selbst in vielfältiger Form Unterstützung erfahren haben. Menschen, die seit Jahren staatliche Leistungen beziehen – oder deren Familie vor zwei Generationen als Heimatvertriebene irgendwo ein neues Zuhause gefunden hat. Man hat vielleicht nicht viel, oder man hat reichlich – aber dem anderen gönnt man deshalb gar nichts. Zum Vergleich: Der Solidaritätszuschlag macht inzwischen insgesamt zwei Billionen Euro aus.

Einwanderung ist heutzutage eine Normalität. Und Deutschland ist ein Einwanderungsland. Nur relativ wenige wollen weg von hier, die meisten schätzen die Möglichkeiten, die ihnen geboten werden. Danach müssen wir handeln. Wir können es nicht mehr wegdiskutieren: Deutschland ist ein Land der Vielfalt. Die Situation ist da. Jetzt muss man schauen, wie man möglichst gerecht und klug mit allem umgeht.

Es gilt Mensch zu sein. Und Mensch zu bleiben. Bei allen Entscheidungen, die anstehen.

Nichts lässt sich auf Dauer festhalten

Ein Problem ist, dass wir keine richtigen demokratischen Auseinandersetzungen mehr führen können. Wir brauchen viel mehr Diskurs, und die Leute müssen bereit sein, die Dinge zu Ende zu denken. Denn es gibt immer weniger feste Gewissheiten, auch wenn wir uns danach sehnen, dass etwas, was wir lieb gewonnen haben, dauerhaft bleibt. Wir dürfen nicht immer alles für absolut halten – und für vorgegeben.

Wenn ich das Parteiengerangel und den Egoismus sehe, der sich vielerorts abzeichnet, werde ich richtig wütend! Neulich sagte wieder ein FDP-Politiker: »Ich muss meiner Partei dienen« – und ich habe gemeint, der ist vom Volk gewählt worden?

GRENZEN

Freiheit gibt es nur in Kombination mit Bindung. Totale Freiheit – das Grenzenlose, das ist wie Wasser, das wir auf den Boden schütten, es zerläuft. Da können wir nichts mehr halten, nichts aufbewahren, nichts trinken.

Die Individualisierung der Freiheit wurde vielfach im Gefolge der 68er-Bewegung begrüßt. Jeder sollte so leben können, dass es für ihn persönlich passt und nicht zu viel Aufwand bedeutet. Aber es wurde leider nicht gesehen, dass dies gleichzeitig auch mit einer Individualisierung der Verantwortung einhergehen muss. Wenn ich das eine mit Freude annehme, muss ich gleichzeitig Verantwortung übernehmen. Ich kann nicht die Freiheit des anderen durch mein Handeln einschränken und die Dinge zu meinen Gunsten laufen lassen. Sonst verkommt das Ganze zu einem Egotrip, und die gesellschaftliche Gemeinschaft gerät aus den Fugen.

Wir tendieren leider dazu, immer noch den Staat für alles verantwortlich machen, was schiefgeht. Aber so funktioniert es nicht! Ich bin selbst mitverantwortlich. Ich kann meine Verantwortung nicht an Dritte abschieben.

Manche, vor allem ältere Menschen, neigen in Momenten der Enttäuschung über andere dazu, sich an Gesetze zu klammern und deren Einhaltung vehement einzufordern. Wir haben in unseren Breiten grundsätzlich ein großes Verlangen danach, dass alles bis ins Detail geregelt ist. Und wir wünschen uns Gesetze, die manchen Entwicklungen einen Riegel vorschieben. Aber damit kippen wir, bildlich gesprochen, das Kind mit dem Bade aus. Allzu umfassende Regelungen und Vorgaben schmälern die Freiheit des Einzelnen und begrenzen gleichzeitig dessen Handlungsspielraum. Und es gerät dabei aus dem Blick, dass ohne Eigeninitiative letztlich noch weniger Miteinander gelingt als ohne eine Regelung. Oft geht es bei den Regeln, die aufgestellt werden, gar nicht um das Sinnvolle oder das Gute an sich, sondern vor allem um die Sicherheit bestimmter Personen, die es gerne schwarz auf weiß hätten. Es gibt detaillierte Bestimmungen zu allen möglichen Themen, die letztlich dazu führen, dass effektive Hilfen für die Schwächeren überhaupt nicht mehr möglich sind. Tonnen von Lebensmitteln werden vernichtet, weil es Vorgaben gibt, die letztlich die Ausgabe der überschüssigen Ware an Bedürftige verhindern. Und es kann auch keiner einfach so eine Suppe für alle kochen, ohne dass das Gesundheitsamt nach einem entsprechenden Zeugnis fragt. Beim Buffet im Kindergarten dürfen nur noch abgepackte Lebensmittel mitgebracht werden; jeder kauft etwas, keiner backt mehr selbst. Bei Veranstaltungen in der Schule oder beim Sportverein darf man sich beim gemeinsamen Essen nichts mehr selbst nehmen: »Mitarbeiter« müssen einem das Essen auf den Teller häufen. Bei der Warenausgabe braucht es eine Glas-Trennscheibe als »Spuckschutz«. All dies bedeutet einen immensen personellen Aufwand für die Schulen und Vereine. Und es geht viel Nähe verloren. Ähnlich komplexe Regelungen gibt es für die meisten Bereiche. Nur noch der Fachmann blickt durch. So wird jede Eigeninitiative verhindert.

Wäre es nicht manchmal besser, weniger komplexe Vorgaben zu machen und manches offenzulassen, damit der Einzelne handlungsfähig wird und mehr Menschen die Lage überblicken können? Vieles ist bei uns inzwischen so weit perfektioniert, dass es inhuman ist.

Früher hatten wir im Kloster die größte Freude beim Gemüseputzen, das war auch gemeinschaftsstiftend. Heute darf keiner mehr in die Küche, wenn er nicht die passende Bescheinigung hat, weil es natürlich behördliche Auflagen gibt, die verhindern, dass ein Kreis älterer Mönche, die sonst im Kloster nur noch wenige Aufgaben haben, zum Kartoffelschäler greift, damit die Suppe auf den Tisch kommt.

Die Frage »Wo sind da die Grenzen?« begegnet uns immer wieder. Aber sobald wir anfangen, Grenzen zu ziehen, ist es mit der Freiheit vorbei. Bei einem Vortrag habe ich einmal lapidar gesagt: Wenn die Autobahn frühmorgens ganz leer ist, und die Wetterbedingungen sind ideal, da fahre ich auch mal 160 Kilometer schnell, auch wenn da Schilder stehen, auf denen man aufgefordert wird, maximal 120 Kilometer in der Stunde zu fahren. Ich sehe nicht ein, warum ich in solchen Momenten langsam machen soll. Da kam dann aus dem Publikum sofort der moralische Zeigefinger – das können Sie doch nicht machen!

Die Freiheit ist eine Zumutung – sie fordert von mir sehr viel; zum Beispiel die Verantwortung zu übernehmen. Das ist nicht immer angenehm. Aber die Freiheit tut uns auch unendlich gut. Wer will ohne sie leben?

Meine Heimat, sie verbinde ich mit den Begriffen Freiheit und Grenze. Sie ist ein Ort, an dem die Freiheit zu Hause ist, weil ich mich inmitten der Menschen, die ich gut kenne, geborgen und sicher fühlen kann. Eine Umfriedung – ein begrenzter Raum, in dessen Mitte Freiheit herrscht.

Ja, es braucht Leitpfosten

Wir leben in einem Land, in dem scheinbar alles möglich ist. Ich muss mich nicht für das eine oder das andere entscheiden, jedenfalls nicht direkt. Soll ich dieses machen oder jenes? Soll ich dorthin gehen oder es lieber lassen? Für manche gilt scheinbar die Regel: »Ich kann alles aufschieben bis zum Gehtnichtmehr.« Doch ein paar Fixpunkte sind gut, sie helfen im Leben. Zum Beispiel die getroffene Entscheidung, an einem Ort zu bleiben oder zumindest in einer Region. Oder an bestimmten Beziehungen in meinem Leben festzuhalten. Es ist ein gutes Gefühl, zu wissen, woran man ist.

Und ich muss mich ohnehin trotzdem an anderer Stelle immer wieder für etwas entscheiden, auch wenn es mir nicht angenehm ist.

Wenn wir anderen oder uns selbst immer wieder etwas durchgehen lassen, was für uns eigentlich nicht akzeptabel ist, verschieben wir die Grenze des Erträglichen.

Ein alter römischer Spruch lautet: »Bewahre die Ordnung, die Ordnung wird dich aufrechterhalten.« Ja, das ist klug. Vielleicht rührt daher auch unsere Sehnsucht nach dem Alten, dem Bewährten. Eines steht fest: Wenn die Freiheit grenzenlos ist, fehlt uns jeglicher Halt.

Die Frage »Wie grenze ich mich von anderen ab?« treibt viele um. Dies führt zwangsläufig an einen Punkt, an dem wir sagen: »Aber das gehört jetzt mir allein. Das bekommt niemand außer mir.« Da geht es nicht um ein »Wir« oder ein »Uns«, sondern vor allem ums Ego.

Ein amerikanischer Abt hat mir einmal gesagt: »Es besteht ein wesentlicher Unterschied zwischen uns. Bei uns müssen alle, die eingebürgert werden wollen, auf das Gesetz schwören. Das Gesetz ist es, was uns zusammenhält. Bei euch ist es die Kultur.« Da hat er recht. Aber vielleicht müssen auch wir, ohne Legalisten zu werden, wieder stärker aufs Gesetz pochen. Und den Menschen, die zu uns kommen, sagen: »Wenn ihr hier bleiben wollt, bitte, wir verschließen uns nicht, aber ihr müsst bestimmte Grundsätze beherzigen.« Da hilft alles nichts.

Alle religiösen Richtungen haben einen Platz in Deutschland, solange die Menschen, die diesen Glauben praktizieren, das Grundgesetz als Maß aller Dinge respektieren. Alle, die dies anders sehen, gehören auf keinen Fall dazu. Salafisten dürfen keine Aufenthaltsgenehmigung bei uns bekommen. Leider outen sich viele nicht.

Unser Grundverständnis von Freiheit und Rechtsstaatlichkeit ist wesentlich. Der Rest ergibt sich im Detail. Wir müssen Überzeugungsarbeit leisten, damit ein Miteinander gelingt. Ich will niemand gewaltsam zwingen – aber ich muss ihm irgendwie klarmachen, wie ein Zusammenleben funktionieren kann und wie nicht. Wenn wir es einmal auf das Bild einer Familiengemeinschaft fokussieren, heißt die Ansage: »Wenn du bei uns mit im Hause wohnen willst, musst du mitarbeiten und dich an die Regeln halten, die für alle gelten.«

Mit unserem christlichen Werte- und Demokratieverständnis haben wir eine hohe Toleranzbereitschaft. Unsere Demokratie und auch die Vorstellungen der Französischen Revolution basieren auf dem Christentum. Freiheit, Gleichheit, Brüderlichkeit – die Schlagworte der Französischen Revolution haben viel mit christlichen Wurzeln zu tun.

Freiheit ist genau das, was Paulus so stark betont, ebenso die Gleichheit. Vor Gott und vor dem Gesetz sind alle gleich. Und zur Brüderlichkeit, zur Verantwortung füreinander, die sich aus der Liebe Gottes zu uns und untereinander ergibt, muss ich, glaube ich, überhaupt nicht viel sagen. Solidarität – das ist zutiefst christlich.

Die Problematik, die sich aus der Freiheit ergibt, die wir den Menschen zusprechen, ist die Frage der Grenzen. Wer selbst keine Grenzen kennt, überschreitet vermutlich immer wieder die der anderen und tritt deren Werte dabei mit Füßen. Immer dann, wenn der andere sich von meinem Handeln massiv gestört fühlt, wird eine Grenze überschritten. Das geht keinesfalls. Die Grenzziehung ist wesentlich. Wenn wir das in den Dreck ziehen, was dem anderen heilig ist, missachten wir seine Persönlichkeit und seine Würde.

Aus Angst vor Verlust neigen wir dabei grundsätzlich dazu, Grenzen enger zu ziehen als bislang. Allein um uns und unsere Werte zu schützen. Wie laut darf Musik sein, damit die Belastung für den Nachbarn erträglich ist? Das kommt auf den Nachbarn und die Musik an. Den einen stört schon ein dumpfes Dröhnen der Bässe massiv. Der andere hört dies kaum. Und der Dritte verbietet Musik lieber grundsätzlich, weil er keine Lust hat, sich mit der Fragestellung zur richtigen und angemessenen Lautstärke zu beschäftigen.

Wir sollten überhaupt keine Angst vor der Diskussion mit Andersgläubigen haben. Im interreligiösen Dialog den eigenen Standpunkt zu verlieren – das ist unwahrscheinlich. Denn je mehr ich mich damit auseinandersetze, desto klarer wird, welche Bedeutung der christliche Glaube für mich selbst hat und wie er sich von anderen Religionen unterscheidet. Die Sprachlosigkeit, die wir befürchten, weil wir uns nicht damit beschäftigen, die macht uns Angst.

Wenn mancherorts Weihnachtsgottesdienste in Schulen abgesagt werden und man Martinsumzüge und Weihnachtsmärkte lieber umbenennt, weil man befürchtet, es könnte sonst Andersgläubige stören, ist dies aus meiner Sicht falsch. Eine falsch verstandene Auffassung von Toleranz. Denn all dies ist Teil unserer freiheitlichen Kultur und Tradition, Ausdruck unseres christlichen Glaubens. Etwas, was wir auch unseren Kindern weitergeben wollen.

In einem fremden Land werde ich umgekehrt nichts Derartiges einfordern, weil ich weiß, dass ich nur Gast bin.

Weil wir in so vielen Bereichen hinnehmen müssen, dass Grenzen immer wieder zu unseren Ungunsten verschoben werden, sind wir zunehmend dünnhäutig. Der Arbeitgeber fordert noch größeren Einsatz als bisher, mehr Überstunden, die zu leisten sind. Dazu kommt der Mobilitätswahn. Heute hier, morgen dort. Ständig wechselnde Einsatzorte. Das alles zehrt an unseren Kräften, das ist nicht gut für Beziehungen, für die Familien, für die Kinder. Und dazu kommt die Angst vor dem sozialen Abstieg. Was ist, wenn ich nicht mehr mithalten kann? Wenn mir alles zu viel wird? Stellt man mir dann den Stuhl vor die Tür?

Es passieren immer wieder unerwartete Dinge. Jederzeit. Und überall. Man muss mit allem rechnen. Wir haben eben nicht das Paradies auf Erden.

In unsicheren Zeiten ist es umso wichtiger, einen Ort zu haben, an dem wir uns richtig zu Hause fühlen. An dem wir das Leben führen können, das uns wichtig ist. Wo Menschen auf uns warten, die wir lieben. Freunde, deren Rat wir schätzen. Wo wir in Vereinen Gemeinschaft finden.

Natürlich schafft es Sicherheit, wenn alles schön geordnet ist. Es tut uns gut, zu wissen, woran wir sind. Ja, das stimmt. Aber es gibt heutzutage keine Gewissheiten mehr. Mein Vater hat es in einfachen Worten formuliert: »Seit einer das Sterben erfunden hat, ist man seines Lebens nicht mehr sicher.« Das können wir bedauern, aber es ist so.

Durchlässige Grenzen

»Grenzen dichtmachen«. Das mag auf den ersten Blick verlockend klingen, weil es suggeriert, dass alles schön beieinander bleibt und uns nichts verloren geht. Aber es ist keine Option, die Grenzen dichtzumachen. An diesem Punkt wiederhole ich mich. Das kann doch keiner wollen! Denn es wäre auch das Ende unserer eigenen Freiheit, die wir doch alle so lieben. Auf verbranntem Boden wachsen keine Rosen. Nicht nur deshalb bin ich für durchlässige Grenzen und dafür, dass wir für fliehende Menschen unsere Türen öffnen.

Es geht um Menschlichkeit, um Nächstenliebe. Das ist ein wesentlicher Teil unserer Kultur. Und das sollten wir nicht über Bord werfen, weil uns einige einreden, dass wir uns fürchten müssen.

Ja, es gibt Grenzen. Ja, es geht nicht alles. Aber bis wir an diesen Punkt kommen, gibt es noch eine Menge an Möglichkeiten. Wir stehen noch lange nicht mit dem Rücken an der Wand, wie es uns manche weismachen wollen. Es gibt genügend Spielräume, genügend Geld, genügend zu essen, ausreichend Platz für alle.

Bezahlbare Wohnungen in den Großstädten, ja, die sind knapp. Hier gilt es, schnell zu handeln und auch Spekulanten und Profitgeiern das Handwerk zu legen. Wer einen Apartmenthaus-Komplex mit Luxuswohnungen bauen will, muss auch für Ausgleich sorgen und günstigen Wohnraum schaffen. Einige Länder haben solche Regelungen getroffen. Und siehe da: Es geht!

Dem Wildwuchs, den Auswüchsen einer falsch verstandenen Willkommenskultur, gilt es entgegenzutreten. Auch hier wiederhole ich mich.

Ermessensspielräume müssen sein, es braucht in manchen Fällen schlicht Zeit und Geduld. Anders geht es gar nicht!

Das Grundgesetz und dessen Einhaltung sind dabei für mich die entscheidende Messlatte. Wer sich nicht auf dieser Basis an unser bestehendes System anpassen will, der hat hier keinen Platz. Das ist für mich ganz klar. Denn das Grundgesetz stellt nicht nur Leitplanken für eine funktionierende staatliche Ordnung auf, sondern ist Ausdruck und Basis unserer Kultur.

In der Konsequenz bedeutet dies einiges: Durchlässige Grenzen zu haben heißt auch, dass sich die Gegebenheiten auf Dauer verschieben können – und dass sie sich auch ändern werden. Vielleicht haben wir in einigen Jahren in München einen Anteil von Menschen mit Migrationshintergrund, der bei 30, 40 oder 50 Prozent liegt, so wie es in anderen europäischen Großstädten auch längst

Realität ist. Dies lässt sich auch nicht verhindern, wenn wir uns nicht völlig abschotten. Und das kann es doch nicht sein!

Wie sollte es auch in der Praxis funktionieren? Meterhohe Zäune, Stacheldraht obendrauf? Selbstschussanlagen, Wachtürme, Patrouillen von Bewaffneten, die dafür sorgen, dass keiner bei uns eindringt? Und damit einhergehend, riesige Schlangen an den Grenzen, die darauf warten, abgefertigt zu werden? So wie früher, als klar war, dass man an der Grenze Deutschland–Österreich zur Hauptreisezeit in der Regel drei Stunden zu warten hatte, bis einen der Grenzer nach einem Blick in den Reisepass (und vielleicht auch den Kofferraum) durchwinkte.

Oder denken Sie an die innerdeutsche Mauer. Angeblich ein Schutzwall für die Menschen in der DDR, damit sie vor den »Aggressoren« aus dem Westen sicher sind …

Wir haben uns in den letzten 30 Jahren an ein Europa ohne Schlagbäume und Grenzkontrollen gewöhnt und uns daran gefreut. Tausende von Lkw mit Ware passieren jeden Tag ohne Kontrolle die Grenzstationen. Jetzt gibt es wieder erste Anzeichen, dass sich das ändern soll. Wollen wir das?

Der Wissenschaftler und Autor Henrik Müller schreibt im Manager Magazin: »Wer seine Heimat abschirmt, der wird sie verlieren. Die Herausforderung für die Sesshaften besteht darin, die Mobilen zu halten und leistungsfähige Leute von anderswo anzulocken. Eine Gesellschaft, die sich gegen das Fremde und die Fremden per se abschottet und die zudem geringe Geburtenzahlen hat, steuert auf einen demografischen Niedergang zu. Die Bevölkerung schrumpft und überaltert. Investitionen unterbleiben.

Auch für die gutausgebildeten jüngeren Einheimischen gibt es dann kaum Möglichkeiten zu bleiben. Viele osteuropäische Länder erleben diese Abstiegsdynamik bereits heute, auch ländliche Gebiete in Deutschland. Großbritannien könnte im Zuge des EU-Ausstiegs, der ja vor allem auf eine Verminderung der Zuwanderung abzielt, auf eine ähnliche Entwicklung zusteuern.

Wer Heimat als Ort begreift, an dem sich am besten nichts verändern soll, wer eine Leitkultur etabliert, die ausgrenzt statt einbezieht, der wird mit großer Wahrscheinlichkeit die Bedingungen für die Sesshaften zum Schlechteren verändern.«[21]

Das klingt alles plausibel und vernünftig. Aber immer bleibt in uns doch ein Rest Zweifel, was gut und richtig ist. Stimmt unsere Annahme – oder wird es in einer Katastrophe enden, wie uns manche prophezeien, die es vermeintlich wissen?

Es ist keinesfalls einfach, diese Spannung auszuhalten. Und es kann sein, dass wir eines Tages tatsächlich große Probleme bekommen, wenn das Miteinander der Kulturen und das soziale Gleichgewicht kippen. Um mit dieser Angst umzugehen, muss ich vor allem aktiv werden und die Lage immer wieder neu bewerten. Es hilft ungemein, mit den Leuten, die zu uns kommen, zu reden.

Mensch sein. Mensch bleiben.
Das ist wesentlich.

HIMMLISCHE PERSPEKTIVEN

Vor vielen Jahren war ich auf Haiti. Es ging darum, ob wir dort eine Klostergründung wagen sollen. Da baten mich zwei Schwestern in Cap-Haïtien, ich möge doch mit ihnen am Wochenende auf einem Maulesel in die Berge ziehen, um dort in den Basisgemeinden die Heilige Messe zu zelebrieren.

Nach vier Jahren war ich der erste Priester, der zu ihnen kam. Ansonsten sind immer die Schwestern dort am Wochenende von Gemeinde zu Gemeinde gezogen und haben Wortgottesdienste mit vorher vom Priester geweihten (konsekrierten) Hostien gefeiert. Durch mich gab es seit langer Zeit das erste Mal wieder eine Eucharistiefeier vor Ort.

Die Schwestern wussten, dass ich gerne schwimme, so haben mich einige Männer am Freitagabend zu einem kleinen See geführt. Der war sehr tief, sicherlich 200 Meter. Deshalb sind sie dann immer um mich herumgeschwommen, damit mir nichts passiert. Eine groteske Situation! Am nächsten Tag sind wir dann weitergezogen. Das letzte Stück Weg bis ins nächste Dorf hatte man extra für uns mit dem Besen gesäubert, mehr als einen Kilometer weit. Keine großen Steine lagen auf dem Weg, kein Unrat. Und ich kam mir auf meinem Maulesel vor wie Jesus beim Einzug in Jerusalem!

In dem kleinen Ort gab es eine einfache Kapelle aus Betonsteinen. Durch die leeren Fensterhöhlen blies der Wind, aber immerhin gab es eine Tür. Es war die Zeit, als in Haïti der Diktator Baby Doc herrschte. Am Nachmittag gab es eine Volksabstimmung. Die Katholiken hatten aus Protest nicht daran teilgenommen. Und nun saßen wir gemeinsam in der Kapelle, um die Heilige Messe zu feiern. Bei der Gabenbereitung tauchten an einem Fenster zwei Soldaten auf, und einer richtete das Gewehr auf mich.

Ich war erschrocken und dachte: »Was tue ich jetzt?« Aber die Gottesdienstbesucher haben sich überhaupt nicht gerührt. Alle blieben seelenruhig auf ihren Stühlen sitzen und beteten und sangen weiter. Unglaublich, was für ein Gottvertrauen! Da war eine Einheit, eine Festigkeit unter den Versammelten, die war ansteckend. So habe ich einfach die Messe weiter zelebriert. Und beim *Agnus Dei* haben sich die Bewaffneten wieder davongetrollt.

Am Abend habe ich in einer Hütte im Dorf geschlafen. Sie war rechteckig und nicht allzu groß. In der einen Hälfte stand das Vieh, in der anderen gab es eine Küche und einen Schlafraum. In der Küche haben die Leute geschlafen, denen die Hütte gehörte. Und mir hatte man das Schlafzimmer überlassen und dort eigens für mich ein Bett hineingestellt, mit einer einfachen Matratze – ohne Decke, wie ich feststellte. Die brauchte ich auch nicht, denn es war unglaublich heiß. Und die Matratze hat furchtbar gerochen. An Schlaf war deshalb nicht zu denken. Ich wusste anfangs gar nicht, was ich tun sollte. Zum Glück hatte ich ein Fläschchen Kölnisch Wasser dabei. Das hatte mir schon manches Mal gute Dienste geleistet. Jetzt wollte ich es aus meiner Tasche ziehen, um damit den penetranten Geruch der Matratze zu neu-

tralisieren. Dabei habe ich wohl übersehen, dass man für mich neben dem Bett eine Schüssel Wasser aufgestellt hatte, damit ich mich am nächsten Morgen waschen konnte. Da ich den Raum im Dunkeln betreten hatte, um niemanden zu wecken, hatte ich die Schüssel nicht im Blick. So stieß ich sie aus Versehen um und schüttete mir das Wasser über. Nun war ich klatschnass. Dann habe ich das 4711 herausgeholt, die Matratze umgedreht, diese besprenkelt und am Ende recht gut geschlafen. Trotz allem …

Die nächste Gemeinde, zu der wir am folgenden Tag aufgebrochen sind, hatte überhaupt keine Kapelle, sondern nur einen Mangobaum mit ein paar Bänken drum herum. Und doch habe ich auch an diesem Tag gespürt, was Gemeinde bedeutet. Am Ortseingang standen drei Kerle, einer davon wollte seine Freundin heiraten. Sie war Baptistin und wollte vor der Hochzeit zum Katholizismus konvertieren. Das habe ich dann alles gleich vollzogen.

Während der Heiligen Messe ging ein älterer Herr mit knielangem, schmutzigem, rot kariertem Hemd und einem Stock quer durch die Reihen nach vorne. Einfach so. Ein anderer holte ihn dann wieder zurück. Später wollte der ältere Mann nicht mit zur Kommunion. Und einer sagte mir: »Weißt du, der ist erst im März getauft worden. Und der war noch nie bei der Beichte. Der muss zuerst beichten.« Da habe ich versucht, allen klarzumachen, dass einem als Getauftem ohnehin alle Sünden vergeben sind. Aber ich wollte auch nicht zu viel Unruhe auslösen. So musste ich dem Mann nach dem Gottesdienst die Beichte abnehmen. Als Ort dafür wurde eine andere Hütte geräumt. Da sind dann einige mit ihm hineingegangen, etwa 20 Minuten dauerte die Beichtvorbereitung. Schließlich wurde auch ich hineingebeten.

Der Alte sprach auf Kreolisch, ich habe kaum etwas verstanden. Den Zuspruch und die Absolution gab ich ihm auf Französisch – sicherlich hat auch er von meinen Worten kaum etwas mitbekommen. Anschließend sind wir zusammen hinausgegangen, zur Kommunionsfeier. Das wurde ein wunderbares Fest mit ungefähr 30 Leuten. Alle haben getanzt, auch die kleinen Kinder. Die Freude darüber, dass der alte Mann bei der Beichte war, ihm die Sünden vergeben sind und er jetzt zur Kommunion gehen darf, war riesig! Das war unglaublich schön.

Ich träume davon, dass die Kirche auch bei uns und in vielen anderen Ländern der Erde wieder eine Heimat für die Menschen wird. Das ist mein Bemühen, meine Sehnsucht. Ich bin Volksmissionar. Die Kirche ist, so sehe ich es, für die Menschen da – und nicht umgekehrt.

Es war mir deshalb immer sehr wichtig, vom Glauben so zu sprechen, dass man es verstehen kann. Und ich wurde all die Jahre zu vielen Vorträgen eingeladen, weil es mir anscheinend meistens gelungen ist, den richtigen Ton zu treffen.

Dabei habe ich stets versucht, eine gute Atmosphäre zu schaffen. Sonst fühle ich mich unbehaust. Ich brauche das Gemeinschaftsgefühl.

»Bodenpersonal«

Beheimatungen – das sind auch Gewohnheiten aus der Kindheit. Manches verlieren wir mit der Zeit aus dem Blick, aber wir erinnern uns wieder.

Für mich ist die Kirche immer Heimat gewesen – und geblieben.

Manchmal hat das Bodenpersonal Gottes Probleme, die richtigen Worte zu finden und gute Entscheidungen zu treffen. Im Laufe der Geschichte haben sich deshalb die skurrilsten Geschichten ereignet. Und natürlich auch viel Schreckliches …

Johannes Paul II. hatte in Rom, in den päpstlichen Gärten, Nonnen angesiedelt, die sein Wirken im Gebet begleiten sollten. Ein Orden sollte die Aufgabe zunächst für fünf Jahre übernehmen, danach sollte ein Wechsel erfolgen. Es kam bei den ersten beiden Gruppen zu schweren psychologischen Problemen. Die Äbtissin der Benediktinerinnen bat mich nach einiger Zeit um ein Gespräch. Sie war zornig und sagte: »Da kann man doch nicht leben, das ist eine Hundehütte! Im Konzil reden sie davon, dass man auch auf die äußeren Gegebenheiten achten muss – und dann das!« Enttäuscht war die Äbtissin auch darüber, dass man im Kloster keine Bibliothek, keine Schriften vorgefunden hatte. Dabei ist die *lectio divina* einer der Wesenszüge des Mönchtums. Die Schwestern sollen ja auch Texte übersetzen, denn sie müssen von irgendetwas leben. »*Ora et labora* – Beten und Arbeiten gehören unbedingt zusammen. Denn wenn wir den ganzen Tag nur den Rosenkranz beten sollen, hält das keiner auf Dauer aus …«; das waren die Worte der Oberin. Und: »Ich habe dann durchgesetzt, dass die Schwestern wenigstens ein bis zwei Stunden am Tag in den Vatikanischen Gärten spazieren gehen und die Vatikanische Bibliothek aufsuchen dürfen.«

Man wollte ihnen zu alledem einen Beichtvater zuteilen, einen Monsignore. Da hat die Äbtissin geantwortet: »Nein, das machen wir schön selber.« Und das war dann auch so. Sie hatte eine klare Haltung: »Man muss bei den Herren nur ein wenig die Stimme erheben, dann gehorchen die schon.«

Respekt! Die widerständige Gemeinschaft in der Kirche, die braucht es, als Gegenpol vor allzu viel Obrigkeitsdenken.

Inzwischen ist das kleine Kloster umgebaut, und Papst Benedikt hat sich dorthin zurückgezogen.

Gewissheiten

Je mehr wir unseren Glauben verlieren, desto mehr sind wir auf absolute Gewissheiten aus. Weil wir uns dann ja irgendwo festklammern müssen. Wenn ich ein gläubiger Mensch bin, kann ich in Krisenzeiten sagen: Ich vertraue auf meinen Gott. Weil ich weiß, dass am Ende aller Tage eine ewige Heimat auf mich wartet. Diese Gewissheit fehlt uns heutzutage meistens. Stattdessen wollen wir uns selber die Sicherheit geben, die sonst der Herrgott schenkt.

Wir wollen uns nur mehr auf uns selbst verlassen und nicht mehr auf Gott.

Wenn ich sagen kann: »Das Leben ist für mich in einen größeren Horizont eingebettet«, dann kann ich in den meisten Situationen, denen ich mich stellen muss, gelassen bleiben. Glaube ist ein Geborgenheitsraum.

Die Heilige Messe, die Musik, die Lieder, die Worte – das alles tut mir gut, wenn ich mich darin zu Hause fühle und ich merke: Hier will ich bleiben; und hier kann ich bleiben. Dann ist es ein Raum voller Geborgenheit. Aber man muss sich auf solche Räume auch einlassen.

Dort, wo Kirche sich heute aus der Fläche zurückzieht, dort, wo »pastorale Räume« geschaffen werden, die aus

20 oder mehr Dörfern bestehen, die von einem einzigen Pfarrer betreut werden, dort geht auch viel verloren. Wir verlieren Geborgenheit, Gemeinschaft, Sicherheit. Christliche Gemeinden werden auf Dauer nur dann funktionieren, wenn es vor Ort Gruppen gibt, Gemeindekreise, die sich sagen: Wir halten zusammen. Wir organisieren uns, auch ohne Pfarrer. Und wir treffen uns regelmäßig zum Austausch.

Ich weiß von katholischen Gemeinden, wo die Menschen sagen: Wenn der Pfarrer nur alle paar Wochen zu uns kommen kann, dann machen wir es anders. Wir treffen uns regelmäßig am Sonntag, um gemeinsam zu singen und zu beten – und dann teilen wir auch das Brot und den Kelch untereinander. Praktisch wie eine Eucharistiefeier.

Sie brauchen es. Und sie machen es. Die Menschen sehnen sich danach, Gemeinschaft mit Gott zu haben. Ist das verwerflich? Und ich frage mich auch immer wieder: Lässt sich die Frohe Botschaft bürokratisch regeln?

Prägend für die Gemeinschaft der Christen und ihrer Gemeinden sind sicherlich Jugendgruppen, die kirchliche Jugendarbeit und die Werte, die dort vermittelt werden. Darauf muss unser Augenmerk liegen, wenn Kirche Zukunft gewinnen und Menschen Heimat sein möchte. Auch die Bedeutung der Tischgebete, die in der Familie vor dem Essen gesprochen werden, wird oft unterschätzt. Wir erinnern uns zeitlebens daran. Und dann schwingt immer ein Stück Dankbarkeit mit. Weil wir merken, dass es nicht selbstverständlich ist, immer genug Essen zu haben.

Zu ignorieren, dass Menschen sich nach einer solchen Heimat und Räumen der Geborgenheit sehnen, das ist der große Fehler der Kirche in der Gegenwart. Und was ist eigentlich schlimmer? Wenn es sich die Menschen in ihrer Kirche so einrichten können, dass es ihnen hilft – oder dass wir bestimmte traditionelle Regelwerke missachten? Und was ist, wenn wir uns irgendwann nicht mehr heimisch fühlen in unserer Kirche?

In Italien habe ich mit Studenten teilweise zwei oder drei Stunden Gottesdienst gefeiert. Da ging es lebendig zu, da wurde auch währenddessen diskutiert. Und keiner hat vorher gefragt: »Dürfen wir das?«

Es macht doch auch wenig Sinn, ständig diese Frage zu stellen und nach der Obrigkeit zu schielen! »Dürfen wir das?« Das klingt nach der Frage kleiner Kinder an die Eltern. Und insgeheim haben sie längst beschlossen, es am Ende doch anders zu machen …

Diese Frage wird letztlich auch ohnehin oft von kirchlichen Vorgesetzten beantwortet, die anscheinend nicht richtig verstanden haben, worum es den Menschen geht, die solches fragen. Die Erfahrung lehrt: Fern von der Basis sind die meisten dann mit der Frage überfordert, und es heißt im Zweifelsfall immer: »Lieber nicht.«

Der Fehler beginnt mit der Frage. Denn ich erwarte eine Entscheidung von einem, der gar nicht fähig ist, sie zu treffen. Weil er ein ganz anderes Bild von Kirche in sich trägt, weil er andere Prinzipien verfolgt als die meisten, die die Frage aufgeworfen haben. Oder weil er von einem »Oberen« schlicht angewiesen worden ist, in solchen Fällen grundsätzlich »Nein« zu sagen. Schon als junger Schüler habe ich es verstanden, manches anders zu lösen, als es der Lehrer von uns verlangt hat. Das bedeutet nicht, dass ich prinzipiell gegen die Regeln verstoßen möchte – oder dass ich gegen »die Kirche« bin. Aber ich weiß: Es gibt Situationen, in denen man tradierte Regeln missachten muss, um dem Menschen oder der Sache gerecht zu werden. Gut ist letztlich vor allem das, was dem Menschen dient. Das hat nichts mit Willkür zu tun.

Das »Oben«- und »Unten«-Denken finde ich ohnehin furchtbar. Wir sind *eine* Kirche. Und in der dürfen nicht allein die Prinzipienreiter das Sagen haben. Bei vielen herrscht immer die Angst, von oben noch etwas auf den Deckel zu bekommen. Bei uns muss alles prinzipiell sein, ordentlich geregelt werden.

Aber das führt immer wieder zu Ärger. Warum muss ich die anderen in die Enge treiben, statt etwas Neues zuzulassen?

Heimat ist nichts Starres. Heimat bedeutet für fast jeden etwas anderes, auch wenn Antworten sich ähneln. Heimat – der Begriff muss immer wieder neu mit Leben gefüllt werden. Das gilt auch für die Kirche.

Natürlich braucht es auch Ordnungen, damit Gemeinschaften funktionieren. Und es gibt immer Menschen, die etwas zu sagen haben, mit denen ich einfach nicht zurechtkomme. Das ist ganz normal. Aber es fordert mich immer wieder heraus, auch wenn ich weiß, dass ich damit leben muss.

Zeitenwende in der Kirche

Papst Franziskus steht für eine neue Freiheit. Und es wird sich vieles nun nicht mehr zurückdrehen lassen, was er angestoßen hat. Das hoffe ich zumindest. Was einmal ausgesprochen ist, was erstmals so gedacht wurde, das setzt sich in unseren Köpfen fest. Es verschiebt den Horizont.

Mit Franziskus ist eine Zeitenwende in der Kirche eingetreten, und es war höchste Eisenbahn dafür. Er ist für viele eine Identifikationsfigur für eine neue Beheimatung in der Kirche geworden, denn seine Art, mit den Menschen umzugehen, spricht sehr viele an. Es geht ihm immer um den Dienst an den Menschen, vor allem an den Armen.

Er spricht den Menschen Freiheit zu und sagt ihnen: »Es ist deine eigene Verantwortung. Du kannst und musst selbst vor deinem Gewissen und vor Gott entscheiden.« Das ist aus meiner Sicht genau der richtige Weg: den Menschen mit liebevollen Augen als mündiges Wesen anzusehen und ihm etwas zuzutrauen. Denn es braucht am Ende die Entschlossenheit des Einzelnen, damit etwas in Bewegung kommt. Und die entsteht nur dort, wo ein vertrauensvolles Miteinander herrscht. In Systemen der Abhängigkeit wächst vieles schlechter oder gar nicht.

Wer Papst Franziskus nicht versteht, der sollte die Psalmen lesen. Die sind voller Barmherzigkeit und Erbarmen. Konservative Kräfte werfen dem Papst genau dieses freie Denken vor und fordern, dass er wie seine Vorgänger klare Handlungsanweisungen an die Gläubigen erteilt. Insbesondere deutsche Katholiken scheinen ganz gerne bevormundet zu werden – warum sonst sollten sie den Papst in dieser Frage so stark kritisieren? Es muss am besten irgendwo schwarz auf weiß stehen, auch in der Kirche. Derjenige, der sich nach Klarheit sehnt, mag keine Kompromisse und keinen Handlungsspielraum. Dann kann er urteilen und verurteilen – aber entspricht das dem Evangelium?

Vor einigen Tagen kam ein Film von Wim Wenders über Franziskus in die Kinos. Im Film sagt der Papst: »Solange eine Kirche ihre Hoffnung darauf setzt, reich zu sein, ist Jesus nicht darin zu Hause.« Mit diesem Satz ist sein Wirken wunderbar zusammengefasst.

Ich warne jedenfalls vor den vermeintlich einfachen Lösungen und fordere gerade Christen dazu auf, in der Stunde der Populisten keine Angsthasen, sondern Hoffnungsträger, Tröster und Mutmacher zu sein. Das haben wir bitter nötig. Die Botschaft Jesu von der Liebe und einem unzerstörbaren Leben in Gottes Hand ist für uns eine Kraftquelle. Wir müssen wieder lernen, auf der Basis des Neuen Testaments zu leben.

Es gibt Menschen, die meinen, unsere Kirche müsste groß und prächtig dastehen. Nein, unsere Kirche muss den Menschen dienen. Papst Franziskus lässt sich da keinen Sand in die Augen streuen. Denn Jesus selbst geißelte jede Art von Ehrsucht oder Karriere- und Machtstreben.

Es braucht viel mehr religiöses Basiswissen. An den biblischen Geschichten kann man Kindern schon sehr früh klarmachen, wer Jesus war. Aber leider geht immer mehr Wissen um die Schätze der biblischen Texte verloren. Im Ethik- oder Lebenskundeunterricht geht es später um ganz andere Themen. Und Religionsunterricht ist leider oft langweilig und wird abgewählt.

Wer nicht den Kindergottesdienst besucht hat, geht meist mit sehr wenig Wissen zur Firmung oder zur Konfirmation. Wer kennt noch die Josefsgeschichte, die von Jona und dem Fisch, die von Daniel in der Löwengrube oder von Habakuk, der am Schopf gepackt wird – das sind doch spannende Geschichten! Oder die Wundergeschichten von Jesus und seiner Zuwendung zu den Armen und Sündern.

Mir hat eine Religionslehrerin gesagt: »Ach, ich glaub nicht an Gott.« Da hab ich sie gefragt: »Wie wollen Sie dann Religionslehrerin sein?« Und sie hat trocken geantwortet: »Irgendwo muss ich ja meine Brötchen verdienen.« Diese Haltung, die hat mich erschüttert! Und da wundern wir uns über diese Selbstsäkularisierung.

Pläne

Eigentlich wollte ich Missionar werden und nach Afrika oder Korea gehen.

Der Herrgott hat's ganz anders gemacht. Es ist viel größer geworden, als ich es mir erträumt habe. Es war ein Weg in die Weite, dadurch, dass ich der Verantwortliche der Missionskongregation meines Ordens geworden bin. Das hätte ich selbst nie angestrebt.

Am Anfang musste ich mich selbst erst einmal in der neuen Aufgabe zurechtfinden. Dann habe ich nach und nach Fuß gefasst und neue Schritte gewagt. Mit der Gründung eines neuen Benediktinerklosters auf den Philippinen habe ich rückblickend betrachtet den Durchbruch geschafft. Das war wie ein Fanal. Von da an ging es weiter. Nach einer längeren Zeit des Stillstandes in der Kongregation der Missionsbenediktiner sind wir als Gemeinschaft neu aufgebrochen. Wir hatten damals, bevor es losging, zwar noch unsere Leute in Tansania. Und die haben gesagt: »Tansania ist jetzt genügend christianisiert, jetzt gehen wir nach Kenia rüber.« Aber es war kein richtiger Neuaufbruch. Der kam dann erst mit der Gründung auf den Philippinen. Ich musste damals zunächst viel Kritik aus den eigenen Reihen einstecken, weil die Benediktiner, die wir in Afrika eingesetzt haben, sagten: »Wir machen das hier erst noch fertig – und wir haben auch genug getan.« Da hab ich denen spitz geantwortet: »Das wäre ja noch schöner.« Das war dann das Signal zum Aufbruch, ein Zeichen, dass es weitergeht – und das an anderer Stelle. Nachdem wir auf den Philippinen Fuß gefasst hatten und alle sahen, wie gut uns der Aufbruch als Gemeinschaft getan hat, konnten wir weiterdenken. So kamen dann auch noch die Sache mit China und anschließend das Projekt in Nordkorea. Auch in Togo und Indien sind neue Klöster entstanden. Heute sind alle froh damit. Weshalb sollten wir nicht überall von dem reden, an das wir glauben und das wir für wahr halten? Mein Nachfolger hat ein kleines Kloster am Jakobsweg zur Betreuung der Pilger gegründet, eines in Kuba und letztens auch eines in der Nähe von Kairo, als geistliches Zentrum für die katholisch-koptische Kirche.

Ein Handschlag, eine Umarmung, ein gemeinsames Gebet, das ist wichtig. Deshalb habe ich mich immer wieder auf den Weg gemacht und bin bis in die hintersten Winkel der Erde gereist. Sieben Sprachen spreche ich fließend, die eine oder andere kann ich lesen und verstehen. Es geht, wenn ich dies erzähle, nicht um mich und meine Leistungen. Mir ging es immer nur um die Sache. Dazu musste ich die Sprache der Menschen sprechen, die ich besuchte.

Ich möchte auch kein Gewinner sein, sondern ich möchte Probleme lösen. Und bestimmen konnte ich ohnehin gar nichts. Das gibt es bei uns Benediktinern nicht. Meine Macht war die der Machtlosigkeit und der besseren Argumente. Wo die Menschen sich mit Untertanengeist ängstlich wegducken oder unbeteiligt wegschauen, geht mir das gehörig gegen den Strich. Von Duckmäusertum steht nichts in der Bibel.

Ja, es braucht eine solche Entschlossenheit, damit wir nicht in Trägheit verfallen und uns im Erreichten kuschelig für alle Zeiten einrichten. Der Mensch ist von Natur aus ein Wanderer. Lang anhaltender Stillstand ist Gift für uns.

Nicht umsonst heißt es im Sprichwort: »Wer rastet, der rostet.« Irgendwann sind die Gelenke zu steif für einen Aufbruch …

Auch in Europa brauchen wir heute frischen Wind in Sachen christlicher Glaube. Es muss etwas Neues kommen! Etwas ganz anderes. Ein Stück weit eine Alternative zu all dem, was wir in den letzten Jahrzehnten erlebt haben.

Die Leute wollen vor allem spüren, dass wir bei allem, was wir tun, mit ganzem Herzen bei der Sache sind.

Kirche als Heimat

Immer weniger Menschen kommen in die Gotteshäuser. Der christliche Glaube sagt heute vielen leider nichts mehr, auch weil man es ihnen nicht mehr rüberbringt. Ich pfeife auf neue Strukturen! Es wird vielmehr Zeit, dass wir wieder mehr mit den Menschen reden – und ihnen richtig zuhören, was sie zu sagen haben. Denn wir haben keine Zeit mehr zu verlieren, auf jeden Fall viel zu wenig Zeit, um weiterhin kompliziert zu sein.

Die Kirche ist hierzulande leider viel zu bürokratisch. Bei uns scheint die Organisation wichtiger zu sein als der Mensch. Sie beantwortet die tiefe Sehnsucht der Menschen nach Gott jedenfalls oftmals nicht zeitgemäß. Bischof Franz Kamphaus hat es einmal sehr treffend formuliert: »Denke niemand, Jesus sei für uns so eine Art Vereinsgründer, an den wir uns gelegentlich erinnern. Er ist unser Leben. Wenn Jesus ruft, geraten Menschen in Bewegung. Es gibt Situationen, da muss man alles stehen und liegen lassen, da gibt es nur noch eins: Hinter Jesus her.«

Das bringt es wunderbar auf den Punkt! Es geht um eine persönliche Beziehung und um Begeisterung – weniger um die Formen, in denen wir zusammenkommen.

Eine Kirchenbehörde ist jedenfalls so attraktiv wie das Finanzamt oder das Ordnungsamt. Und wenn keiner mehr weiß, was die christlichen Traditionen bedeuten, dann wird es schwierig. Dann wird manches schnell zur reinen Staffage.

Kirche ist oft Heimat für die Menschen einer bestimmten Generation, die diese Art, wie hier gefeiert, gepredigt und gebetet wird, für sich als gut erkannt hat. Man ist mit einer Liturgie groß geworden und damit vertraut – aber vielleicht passt diese Form für die nächste Generation überhaupt nicht mehr. Junge Menschen können die Texte der Choräle, die aus dem Mittelalter stammen, oft nur noch bedingt nachvollziehen. Es ist nicht ihre Sprache, nicht ihr Weg, den Glauben zu besingen. Die Kirche muss sich deshalb immer wieder in ihren Formen verändern und neu erfinden, selbst wenn wir Mönche noch gern in unseren Gottesdiensten den Gregorianischen Choral singen. Wir neigen leider unter dem Entropiegesetz, bei dem alles dem Stillstand entgegengeht. Ein Zustand, den man dann zu allem Überfluss noch für sakral erklärt. Damit er unantastbar wird. Eine Form, in der quasi die ägyptischen Säulen das Vorbild unserer modernen Liturgie sind. Eine Sakralität, die alles lähmt. Da denke ich: »Nein, das geht so nicht. Lasst die Kinder springen!«

Wie oft braucht es eine Veränderung? Natürlich soll die Form des Gottesdienstes dem Inneren entsprechen – aber sie deswegen permanent dem Zeitgeist anzupassen macht auch keinen Sinn. Es ist schwierig. Wir müssen uns etwas einfallen lassen, das dem sakralen Geschehen entspricht. Denn »Frohe Botschaft« heißt ja auch nicht, dass es deshalb immer schön bequem für alle sein soll.

Wir müssen auch weg von dem Denken, dass man den Gottesdienstbesuch von äußeren Dingen abhängig macht – von der Qualität der Musik, von der Predigt und manchem mehr. Es geht um die Anwesenheit in der Gegenwart Gottes, die wir in der Eucharistie feiern. Das Schlimmste ist, dass die Sonntagsmesse irgendwie zu einem Kirchengebot verkommen ist.

In seinem Hirtenbrief schreibt der Bischof von Augsburg in etwa: »… bei meinem Kollegen in Polen gehen 85 Prozent der Katholiken in die Kirche – bei mir ist es umgekehrt.« Solcherlei Lamentieren bringt doch überhaupt nichts! Da fehlt auch jegliche Analyse – woran liegt dies eigentlich? Es kann ja nicht um ein »Zurück zum Alten« gehen. Nach dem Motto: »Wir kehren jetzt zurück in die Kirche von 1913. Damals war alles noch besser, und die Menschen kamen regelmäßig jeden Sonntag.«

Vor meinem geistigen Auge sehe ich den Zeigefinger derer, die meinen, dass es wieder mehr Disziplin und Durchhaltevermögen braucht. Solcherlei Denken und die ganze Rechthaberei, die es nicht nur innerhalb der Kirchenhierarchie gibt, sind wie auch die Funktionäre selbst in vielerlei Hinsicht furchtbar. Die Leute lieben innerhalb der Organisation meistens besonders die unangepassten Querdenker. Und sie sollen nicht wegen einer gefühlten Verpflichtung beim Gottesdienst erscheinen, sondern weil sie merken: Das hat Sinn, hier feiert die ganze Gemeinde. Es entspricht dem ureigensten Vermächtnis Jesu und dem frischen Leben der urchristlichen Gemeinden.

In Italien kann man nicht aus der Kirche austreten, weil man auch nicht eintreten kann. Man geht hin oder eben nicht. Die Liebe und die Wahrheit machen uns frei – und dafür können wir miteinander beten. Wir müssen uns gemeinsam für das Gute einsetzen. Stattdessen hängen

174

wir uns leider oftmals an Spitzfindigkeiten auf. Aber es wird werden. Denn ich glaube an das Gute im Menschen. Gott hat den Menschen den Sinn für das Gute eingepflanzt. Letztlich treibt sein Geist die Kirche.

Der Glaube selbst schenkt uns Geborgenheit und ist die Erfüllung der Sehnsucht nach Heimat. Irgendwann habe ich beschlossen: »Dabei bleib ich.« Es tut mir gut.

Wenn eine Kirche den Menschen Heimat sein will, dann müssen sich diese dort auch heimelig fühlen. Bei Taufen oder Hochzeiten merkt man, dass Leute in die Kirche kommen, die darin keine Praxis haben. Sie gehen selten oder nahezu nie dorthin – nur eben jetzt, zu diesem speziellen Anlass. Dies hat zur Folge, dass sie weder die Liturgie noch die Texte, die in diesem Rahmen zusammen gesprochen werden, noch die Lieder kennen. Dies verunsichert natürlich und führt dazu, dass man sich erst recht nicht wohl oder gar heimisch fühlt. Viele sagen dann anschließend: »Ach, das war mir unangenehm, ich wusste gar nicht, was ich sagen oder machen sollte.« Oder: »Das kann ich einfach nicht.« Sie haben das Gefühl: Ich muss da etwas beherrschen.

Die Angst, etwas falsch zu machen, die ist in Deutschland unglaublich ausgeprägt. Man könnte fast sagen, wir hätten den Anspruch des Verhaltensperfektionismus. Und die Kirche macht es den Menschen auch nicht einfach, weil sie so viele Regeln aufstellt und deren Einhaltung einfordert.

In Italien gibt es so etwas überhaupt nicht! Die Menschen fragen halt: »Wie sollen wir es denn machen?«

Jesus würde sicherlich manches anders und vor allem viel lockerer sehen. Aber an den verantwortlichen Stellen sitzen Menschen, die meinen, es bräuchte immer klare Ansagen, damit es funktioniert. Alles soll schön ordentlich sein. Es gibt viel zu regeln, damit dies gelingt … All dies geht mit einer Überverantwortlichkeit einher, die in Deutschland auch unter Laien viele Anhänger hat.

Wie müsste Kirche zukünftig aussehen, damit sie den Menschen wirklich eine Heimat sein kann? Soll sie klare Ansagen machen? Soll sie ordentlich aussehen? Oder muss sie arm sein? Auf jeden Fall sollte sie den Menschen die Angst nehmen, statt Ängste zu schüren. Wo Angst herrscht, fühlt sich keiner wohl.

Wir müssen natürlich vorsichtig sein, wenn wir in Deutschland »die Kirche« sagen. Denn die Kirche ist hierzulande viel stärker deutsch, als wir glauben. Die Bevormundungsmentalität ist deutlicher ausgeprägt als in anderen Ländern. Das permanente Gefühl, anderen sagen zu müssen, was sie zu tun oder zu lassen haben.

Vor einigen Jahren habe ich eine Firmung für italienische Kinder in Deutschland gehalten. Am Ende kam der deutsche Pfarrer zu mir und hat sich entschuldigt, dass die Kinder so viel Unruhe gemacht haben. Da habe ich ihm gesagt: Seien Sie doch froh, dass die Kinder so lebendig sind und Freude hatten. Dass sie sich in der Kirche zu Hause fühlen und herumspringen. Jesus sagt: »Lasset die Kinder zu mir kommen.« Und dieser Pfarrer wollte alle reglementieren und in den Senkel stellen. Je nachdem, in welcher Kultur man groß geworden ist, geht man mit solchen Situationen anders um.

»Glaube, Hoffnung und Liebe« – diese drei Begriffe sind ein Schlüssel.

Und: Die Liebe ist die Größte unter ihnen!

Weisheit, über 2.000 Jahre alt

In der Bibel können wir überhaupt einiges zum Thema Heimat finden.

Adam und Eva werden aus dem Paradies vertrieben, damit fängt alles an. Gleich zu Beginn der biblischen Bücher, im 1. Buch Mose, findet sich in Kapitel 3 folgende Geschichte, deren Anfang ich wörtlich zitiere:

»1 Die Schlange war schlauer als alle Tiere des Feldes, die Gott, der HERR, gemacht hatte. Sie sagte zu der Frau: Hat Gott wirklich gesagt: Ihr dürft von keinem Baum des Gartens essen? 2 Die Frau entgegnete der Schlange: Von den Früchten der Bäume im Garten dürfen wir essen; 3 nur von den Früchten des Baumes, der in der Mitte des Gartens steht, hat Gott gesagt: Davon dürft ihr nicht essen und daran dürft ihr nicht rühren, sonst werdet ihr sterben. 4 Darauf sagte die Schlange zur Frau: Nein, ihr werdet nicht sterben. 5 Gott weiß vielmehr: Sobald ihr davon esst, gehen euch die Augen auf; ihr werdet wie Gott und erkennt Gut und Böse. 6 Da sah die Frau, dass es köstlich wäre, von dem Baum zu essen, dass der Baum eine Augenweide war und begehrenswert war, um klug zu werden. Sie nahm von seinen Früchten und aß; sie gab auch ihrem Mann, der bei ihr war, und auch er aß. 7 Da gingen beiden die Augen auf und sie erkannten, dass sie nackt waren. Sie hefteten Feigenblätter zusammen und machten sich einen Schurz.«

Als Gott durch den Garten geht, entdeckt er natürlich sofort, was los ist, auch wenn sich Adam und Eva vor ihm verstecken. Gott ruft nach Adam: »Wo bist du?« Beide müssen gestehen, dass sie vom verbotenen Baum gegessen haben. Adam schiebt es auf seine Frau, diese auf die Schlange.

»22 Dann sprach Gott, der HERR: Siehe, der Mensch ist wie einer von uns geworden, dass er Gut und Böse erkennt. Aber jetzt soll er nicht seine Hand ausstrecken, um auch noch vom Baum des Lebens zu nehmen, davon zu essen und ewig zu leben. 23 Da schickte Gott, der HERR, ihn aus dem Garten Eden weg, damit er den Erdboden bearbeite, von dem er genommen war. 24 Er vertrieb den Menschen und ließ östlich vom Garten Eden die Kerubim wohnen und das lodernde Flammenschwert, damit sie den Weg zum Baum des Lebens bewachten.«

Es geht in dieser Geschichte auch um Entfremdung und den Verlust von Heimat: »Da schickte Gott, der HERR, ihn aus dem Garten Eden weg …« Und fortan ist der Mensch auf der Suche nach Heimat.

Die Bibel erzählt davon immer wieder in wunderbaren Bildern, wie im folgenden Vers aus dem 27. Kapitel (Vers 8) der Sprüche: »Wie ein Vogel, der aus seinem Nest flüchtet, so ist ein Mensch, der aus seiner Heimat fliehen muss.«

Andererseits hat Gott bewusst Abraham aus seiner Heimat Ur ausgesandt, damit er zum Segen für die Erde werde: »Der HERR sprach zu Abram: Geh fort aus deinem Land, aus deiner Verwandtschaft und aus deinem Vaterhaus in das Land, das ich dir zeigen werde! Ich werde dich zu einem großen Volk machen, dich segnen und deinen Namen groß machen. Ein Segen sollst du sein … Durch dich sollen alle Sippen der Erde Segen erlangen.« (Gen 12,1–3) Die Heimat wird relativiert.

Jesus ging es immer um den Menschen. Was er auch tat, wohin er auch ging: Er hatte stets den Menschen im Blick. Und bei ihm finden wir im Letzten Geborgenheit, wie es im Brief des Paulus an die Philipper heißt: »Denn unsere Heimat ist im Himmel.« (Phil 3,20) Im Matthäusevangelium spricht Jesus über seine eigene Situation, die eines Mannes, der umherzieht und seine Heimat hinter sich gelassen hat: »Die Füchse haben Höhlen und die Vögel des Himmels Nester; der Menschensohn aber hat keinen Ort, wo er sein Haupt hinlegen kann ...« (Mt 8,20)[22]

Auch die iro-schottischen Mönche, die den Glauben zu uns auf den europäischen Kontinent gebracht haben, sind ins Ungewisse aufgebrochen und haben ganz bewusst auf Heimat und einen festen Ort der Bleibe verzichtet. Wenn Benediktiner und andere Ordensgemeinschaften von der *stabilitas loci* sprechen und sich entschlossen haben, ständig im Kloster zu bleiben, dann würden die iro-schottischen Mönchen vermutlich zu uns sagen: »Nein, das führt zu einer Bequemlichkeit, und das kann es nicht sein. Das ist nicht die volle Nachfolge Jesu.« Und doch haben auch sie wieder auf dem europäischen Festland stabile Klöster errichtet.

Zu wissen: Wir sind nur Gast auf Erden, wie es im Psalm 119 steht, das eröffnet eine ganz andere Perspektive auf das Leben. Dann können wir wissen: Unser zeitweiliges Umherirren hier, das ist nicht alles. Weil ich meine Heimat im Glauben habe, weil ich verwurzelt bin, kann ich innerlich frei werden.

Ich muss nicht alles alleine schaffen. Ich muss nicht alle Probleme lösen. Ich muss nicht alles im Griff haben. Ich darf verschenken, was ich besitze. Ich kann loslassen und werde dabei innerlich reich. Das ist eine verrückte Geschichte. Aber sie ist wahr!

Weil ich eine solche Heimat habe, kann ich in der Fremde sein – und auch unter Fremden bestehen.

MENSCH SEIN

Es ist wichtig, in seinem eigenen Rhythmus zu bleiben. Deswegen ist es für Mönche bedeutsam, regelmäßig an den Gebetszeiten teilzunehmen. Der Gleichklang, die Wiederholung der Psalmverse, der Lieder – all dies tut der Seele gut. Die wenigsten verstehen es, wenn ich sage, ich muss zusehen, dass ich abends noch ins Kloster zurückkomme, wenn ich den Tag über unterwegs war. Es geht mir nicht um den Komfort des eigenen Bettes und einer Umgebung, in der ich im wahrsten Sinne des Wortes eingebettet bin. Sondern es geht mir darum, dass ich in der Frühe wieder im Chorgebet sein kann und so meinen Rhythmus habe.

Der klösterliche Wechsel von Arbeit, Lektüre, Meditation, Gebet und Gemeinschaft ist für mich wunderbar. Wenn die Glocke zur Vesper läutet, hat alles andere zurückzustehen, egal wie wichtig die Arbeit ist, an der du gerade sitzt. Das gibt eine produktive Spannung, die ich in der Gleichzeitigkeit von Verpflichtung und Freiheit des mönchischen Lebens gefunden habe. Solch eine innere Ordnung zu haben, den gesunden Gleichklang des stets Wiederkehrenden zu spüren, das tut uns einfach gut.

Manche glauben, dass sicherlich nach einer Weile Langeweile aufkommt, wenn man jahrelang im Kloster das

Gleiche tut. Wenn man die gleichen Gebetszeiten hat, die gleichen Texte hört und täglich die gleichen Lieder singt.

Aber das Gegenteil ist der Fall: Die Sehnsucht nach dem Rhythmus, nach einer inneren Stabilität, wird größer.

Und wenn ich morgens nicht zur gleichen Zeit aufstehen würde, wäre ich vermutlich krank. Langeweile kenne ich nicht.

Varietas delectat, Abwechslung erfreut, lautet ein alter römischer Ausspruch.

Und auch das stimmt. Aber in unserem modernen Leben ereignet sich doch sowieso jeden Tag etwas Neues, passiert immer wieder etwas Unerwartetes. Wir müssen uns plötzlich neuen Aufgaben stellen, mit Problemen auseinandersetzen, die wir nicht erwartet haben. Wir stolpern dahin, sind erschüttert von schlimmen Nachrichten. Oder wir verkalkulieren uns und müssen von vorne mit etwas anfangen, das wir eigentlich längst erledigt haben wollten. Das ist im Kloster nicht anders …

Und dann tut es so gut, einen Rhythmus zu haben, einen inneren und äußeren Rahmen, in den alles eingebettet ist. Zu wissen, wohin man gehört und was jetzt gerade dran ist. Mehrere Gebetszeiten gliedern den Tag: Vigil, Laudes, Mittagshore, Vesper und Komplet.

Bei allem, was ich tue, in mir selbst zu Hause zu sein, das ist wesentlich. Und eine wichtige Voraussetzung dafür, so etwas wie Heimatgefühle zu entwickeln. Zu wissen, wohin man gehört und wer man wirklich ist.

Mensch. Sein.

Das Leben mit allen Sinnen erleben. Dankbar sein. Und dabei an etwas Größeres glauben, an *den einen* Gott, an den ich mein Leben binden möchte. In ihm möchte ich sein.

Wir sind flexibel geworden, das ist ein Zeichen einer modernen Gesellschaft: dass ich dem anderen mit Toleranz begegne. Ich lasse ihm das Seine – nicht, weil es mir gleichgültig wäre. Sondern aus Respekt vor dem anderen. Und ich lasse ihm genügend Raum, damit er das leben kann, was für ihn Heimat ausmacht.

WAS BLEIBT?

Unsere Sehnsucht nach einem Ort der Geborgenheit kommt an kein Ende.

Eine bleibende Heimat, wo können wir sie finden?

Immer bleibt Unsicherheit, immer der Wunsch nach einem intensiveren Leben. Zumindest bei den meisten.

Es ist eine lebenslange Suche. Davon wusste schon Augustinus, einer unserer Kirchenväter, als er schrieb: »Unser Herz kommt nicht zur Ruhe, bis es ruht in dir, o Gott.«

Quellenverzeichnis

1   Frank-Walter Steinmeier, Rede zum Tag der Deutschen Einheit am 3. Oktober 2017

2   Henrik Müller, »Die Heimat, die wir brauchen«; manager magazin, 24. Dezember 2017

3   Daniel Schreiber, »Heimatministerium: Deutschland soll werden, wie es nie war«; DIE ZEIT, 10. Februar 2018

4   ab Seite 39 f. aus: BILD Sonderausgabe vom 7. Juni 2018

5   https://www.zeit.de/politik/deutschland/2018-05/heimatministerium-sigmar-gabriel-horst-seehofer-patriotismus; 16. März 2018

6   Sabine Bode im Gespräch mit Dr. Sybille Krafft, ARD Alpha, Sendung vom 28. März 2011

7   Merle Hilbk, »Die Versöhnung« aus: DER SPIEGEL vom 6. Mai 2013

8   Interview mit Bernhard Bueb aus: DER SPIEGEL, Ausgabe 37/2006

9   Jana Hensel, »Wie christlich ist die AfD?«, DIE ZEIT 33/2017

10 DIE ZEIT, 5. Januar 2018; https://www.zeit.de/gesellschaft/zeitgeschehen/2018-01/mittelmeer-route-fluechtlinge-tote-2017

11 http://www.iab.de/751/section.aspx/1281

12 http://doku.iab.de/aktuell/2017/aktueller_bericht_1704.pdf

13 https://www.amnesty.ch/de/laender/naher-osten-nordafrika/syrien/dok/2017/6-jahre-repression-und-krieg

14 https://www.amnesty.ch/de/themen/asyl-und-migration/asylpolitik-schweiz/dok/2017/fluechtlinge-aus-nigeria-in-der-schweiz

15 https://www.auswanderung-rlp.de/auswanderung-nach-nordamerika.html

16 http://www.bamf.de/SharedDocs/Anlagen/DE/Downloads/Infothek/
Statistik/Asyl/201805-statistik-anlage-asyl-geschaeftsbericht.pdf?__
blob=publicationFile

17 https://www.bmi.bund.de/SharedDocs/pressemitteilungen/
DE/2017/01/asylantraege-2016.html

18 Grundgesetz für die Bundesrepublik Deutschland, zuletzt geändert
durch Art. 1 G v. 13. Juli 2017 I 2347

19 ab Seite 125 ff: Peer Steinbrück, Buchrezension zu Joachim Wagner
»Die Macht der Moschee«, aus: DIE ZEIT, Ausgabe 22 vom 24. Mai
2018

20 Stefan Ulrich, »Riskant, egoistisch – und kein bisschen christlich«,
SZ.de vom 25. Juni 2018

21 Henrik Müller, »Die Heimat, die wir brauchen«; manager magazin,
24. Dezember 2017

22 S. 177 ff aus: Einheitsübersetzung der Heiligen Schrift, vollständig
durchgesehene und überarbeitete Ausgabe © 2016 Katholische
Bibelanstalt GmbH, Stuttgart Alle Rechte vorbehalten

Flötenkonzert in Indien

Notker Wolf

Jahrgang 1940, trat 1961 in das Benediktinerkloster St. Ottilien ein. In Rom und München studierte er Philosophie, Theologie, Zoologie, Anorganische Chemie und Astronomiegeschichte und promovierte zum Doktor der Philosophie. 1968 wurde er zum Priester geweiht. 1971 erhielt er eine Professur für Naturphilosophie und Wissenschaftstheorie an der Päpstlichen Hochschule Sant'Anselmo in Rom. Sechs Jahre später wurde er Erzabt von St. Ottilien und zugleich Abtpräses der Missionsbenediktiner. 2000 wurde er zum Abtprimas und damit zum obersten Repräsentanten der Benediktiner gewählt. Er war bis zum Ende seiner Amtszeit weltweiter Sprecher des ältesten Ordens der Christenheit mit 7.200 Mönchen und 14.000 Nonnen und Schwestern. Im Oktober 2016 kehrte er von Rom in sein Heimatkloster St. Ottilien zurück.

Hans-Günther Kaufmann

1943 in Tours/Frankreich geboren. Deutsche und französische Nationalität. Kaufmann war 15, als die bekannte Jugendzeitschrift TWEN seine ersten Bilder veröffentlichte. Autodidakt als Fotograf, Studio in München, erfolgreicher Werbe- und Modefotograf, bis es den 30-Jährigen von der Glamour- in die spirituelle Fotografie drängte. Über 80 Buchpublikationen, seit 2008 auch als Autor und Regisseur für das Bayerische Fernsehen tätig. Weltweite Fotoausstellungen.

Spirituelle Wege
zu einer starken Persönlichkeit

Die Angst, etwas falsch zu machen oder sich Schrammen
zu holen, hindert uns oft daran, das Leben mit beiden
Händen zu greifen und Neues auszuprobieren. Dabei
hat der, der nichts riskiert, auf jeden Fall am Ende die
größeren Probleme. Melanie Wolfers macht Mut, angst-
frei und aus ganzem Herzen zu leben. In ihrem Ratgeber
»Trau dich, es ist dein Leben« vermittelt sie Klarheit und
Orientierung und beschreibt spirituelle Wege zu einer
starken Persönlichkeit.

Das Mutmacher-Buch der SPIEGEL-Bestseller-Autorin

Melanie Wolfers

Trau dich, es ist dein Leben
Die Kunst, mutig zu sein

Hardcover mit handschmeichlerischem
Schutzumschlag · 13,5 x 21 cm · 224 Seiten
ISBN 978-3-96340-022-3
€ [D] 17,– · € [A] 17,50

Wie Geschwister-Beziehungen gelingen können

Viele sehnen sich nach einem nachhaltigen, vertrauensvollen Verhältnis zu ihren Geschwistern. Denn es sind die Menschen, mit denen wir oft die längste Zeit im Leben verbringen.

Anselm Grün – Bruder von sechs Geschwistern – zeigt in diesem Ratgeber auf, wie eine gute Beziehung zu Bruder und Schwester gelingen kann. Dabei schöpft er aus seiner jahrzehntelangen Beratungspraxis und lässt immer wieder auch biblische Geschichten einfließen, denn darin liegt für ihn ein Schlüssel zur Erkenntnis.

Anselm Grün

Geschwisterbande
Eine ganz besondere Beziehung

Hardcover mit Schutzumschlag
13,5 x 21 cm · 192 Seiten
ISBN 978-3-96340-024-7
€ [D] 18,– · € [A] 18,50

gutes leben
bene!

Originalausgabe Oktober 2018
© 2018 bene! Verlag
Ein Imprint der Verlagsgruppe
Droemer Knaur GmbH & Co. KG, München.
Alle Rechte vorbehalten. Das Werk darf – auch teilweise – nur mit
Genehmigung des Verlags wiedergegeben werden.
Konzept und Redaktion: Stefan Wiesner
Cover- und Innengestaltung: Maike Michel unter Verwendung eines
Fotos von Hans-Günther Kaufmann
Fotos im Innenteil: Hans-Günther Kaufmann
Druck und Bindung: CPI books GmbH, Leck
ISBN 978-3-96340-007-0

5   4   3   2   1